CD-ROMをつかった実戦訓練でスコアアップに直結！

TOEIC®テスト スピーキング/ライティング 完全模試

TOEIC® SW テスト200／200点満点取得者
安河内哲也
Yasukouchi Tetsuya

TOEIC® SW テスト200／200点満点取得者
トニー・クック
Tony Cook

Jリサーチ出版

TOEIC is a registered trademark of Educational Testing Service (ETS).
This publication is not endorsed or approved by ETS.

はじめに

　1990年代から急激に普及し、今や"英語テストのスタンダード"とも言えるようになったTOEIC® TESTですが、実はこのTOEIC® TESTでは、リスニングとリーディングの能力だけしか測れないということが、長い間問題視されていました。そこで数年前からTOEIC® TESTは4分野に分かれ、リスニングテスト／リーディングテスト（以下LRテスト）に加えて、スピーキングテスト／ライティングテスト（以下SWテスト）が新たに実施されるようになりました。これによってTOEIC® TESTは4技能テストとなり、リスニング力を伸ばすためにはリスニングテスト、リーディング力を伸ばすためにはリーディングテスト、スピーキング力を伸ばすためにはスピーキングテスト、ライティング力を伸ばすためにはライティングテストという4つの目標ができたわけです。みなさんが英語学習で何を目指すか、どの技能を伸ばしたいかということにしたがって、どのテストを受けるか、LRとSWの2種類のテストを選択できるようになったわけです。

　これまでの、さまざまな資格試験のスピーキングテストやライティングテストというと、"おまけ"的なものが多かったのですが、このTOEIC®のSWテストは設問数が多く、所要時間も長く、相当に本格的なものとなっています。したがって、このテストのさまざまな設問に向けて学習することは、みなさんのスピーキング力とライティング力のいろいろな面を、バランスよく伸ばすことに通じるでしょう。これまで、LRテストに向けて勉強したことで、リスニング力やリーディング力はついたものの、英語を発信する力、つまり話す力や書く力が身につかずに悩んでいた人などはぜひ、このSWテストの学習・受験をするようにしてください。そうすることであなたの英語は、相手が発信した英語を理解できるだけの受信的な英語から、自分の言いたいことを話したり書いたりできる、発信型の英語へと変わっていくことでしょう。

安河内哲也

Introduction

The TOEIC® Speaking & Writing Test was launched by ETS (Educational Testing Service) in 2007. Since then, an increasing number of people have had their spoken and written English evaluated through taking the test. In this book, we provide five opportunities for you to practice.

The activities in the test require you to answer items with minimal or no preparation time and to within set time limits. In answering the practice items in this book, I have tried to keep to within those tight timings and to use my first and initial responses so that the sample answers appear as authentic as possible.

Therefore, please remember that the answers I have written are not definitive and are merely sample answers. We all have different opinions and life experiences. Your task or challenge is to think of your own ideas and examples and to work to apply them in a similar style to that which I have used.

It's an exciting challenge and if you take the opportunity to develop your own thoughts and opinions, you will be better prepared not only to take the TOEIC® Speaking & Writing Test and get the score you truly deserve, but you will also feel more confident using English in your daily life. Good luck.

Tony Cook

CONTENTS

はじめに	3
目次	4
本書の特長と使い方	6
TOEIC® SWテストってどんなテスト？	10

安コーチ直伝!! TOEIC® SWテスト 出題スタイル別攻略法 ... 13

SWテストの目標設定 ... 14
スピーキングテスト
- Q1-2 （音読問題） ... 15
- Q3 （写真描写問題） ... 17
- Q4-6 （応答問題） ... 19
- Q7-9 （提示された情報に基づく応答問題） ... 21
- Q10 （解決策を提案する問題） ... 22
- Q11 （意見を述べる問題） ... 24

ライティングテスト
- Q1-5 （写真描写問題） ... 25
- Q6-7 （eメール作成問題） ... 26
- Q8 （意見を記述する問題） ... 27

Speaking & Writing Test One ... 29

Speaking Test
Questions 1-2	30	Question 3	34
Questions 4-6	36	Questions 7-9	39
Question 10	44	Question 11	47

Writing Test
Questions 1-5	50	Questions 6-7	56
Question 8	63		

Speaking & Writing Test Two ... 71

Speaking Test
Questions 1-2	72	Question 3	76
Questions 4-6	78	Questions 7-9	81
Question 10	86	Question 11	89

Writing Test
- Questions 1-5 92
- Questions 6-7 98
- Question 8 105

Speaking & Writing Test Three 113

Speaking Test
- Questions 1-2 114
- Question 3 118
- Questions 4-6 120
- Questions 7-9 123
- Question 10 128
- Question 11 131

Writing Test
- Questions 1-5 134
- Questions 6-7 140
- Question 8 147

Speaking & Writing Test Four 155

Speaking Test
- Questions 1-2 156
- Question 3 160
- Questions 4-6 162
- Questions 7-9 165
- Question 10 170
- Question 11 173

Writing Test
- Questions 1-5 176
- Questions 6-7 182
- Question 8 189

Speaking & Writing Test Five 197

Speaking Test
- Questions 1-2 198
- Question 3 202
- Questions 4-6 204
- Questions 7-9 207
- Question 10 212
- Question 11 215

Writing Test
- Questions 1-5 218
- Questions 6-7 224
- Question 8 231

本書の使い方

本書は、本、CD-ROM そして CD によって構成されています。

■本

5回分の TOEIC テスト スピーキング／ライティング模擬試験の、スクリプトと訳、模範解答を収録しています。

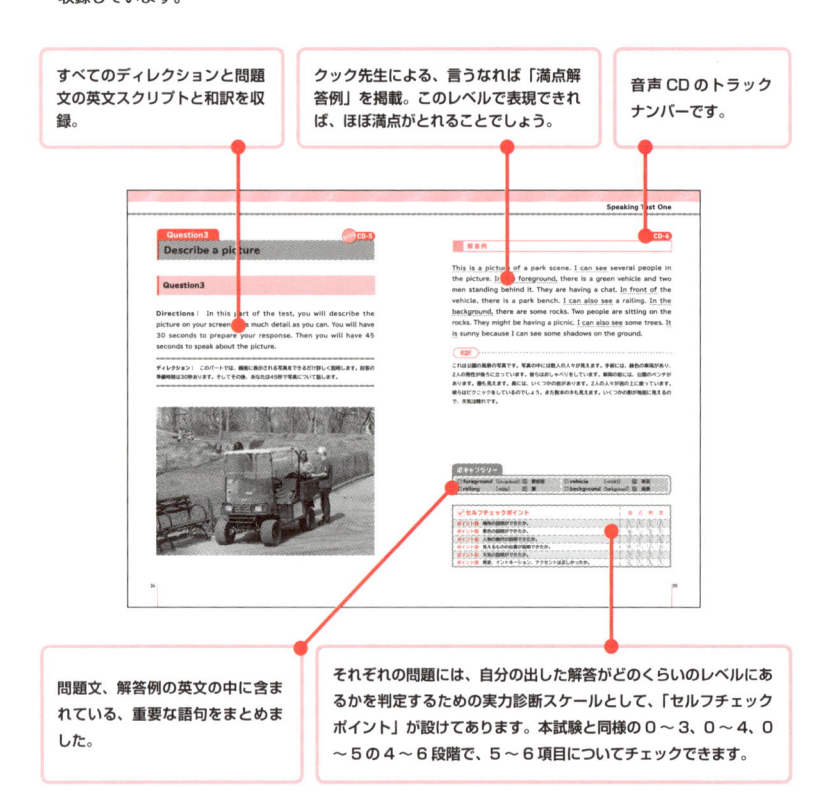

- すべてのディレクションと問題文の英文スクリプトと和訳を収録。
- クック先生による、言うなれば「満点解答例」を掲載。このレベルで表現できれば、ほぼ満点がとれることでしょう。
- 音声 CD のトラックナンバーです。
- 問題文、解答例の英文の中に含まれている、重要な語句をまとめました。
- それぞれの問題には、自分の出した解答がどのくらいのレベルにあるかを判定するための実力診断スケールとして、「セルフチェックポイント」が設けてあります。本試験と同様の 0～3、0～4、0～5 の 4～6 段階で、5～6 項目についてチェックできます。

■音声 CD

音声 CD には、5回のスピーキングテストのディレクション、問題文、解答例の音声が収録されています。発音やイントネーション、アクセントなど参考にして、音読・暗唱トレーニングしてみましょう。

■ CD-ROM

CD-ROMには、5回分のTOEICテスト スピーキング/ライティング模擬試験が収録されています。パソコンで動作させ、本番同様のトレーニングができます。なお、スピーキング、ライティングともに、自分が作成した解答は保存されますので、自分で実力診断をしたり、本や翻訳サービスなどを使ったりして、解答のレベルや英語の正誤をチェックができます。

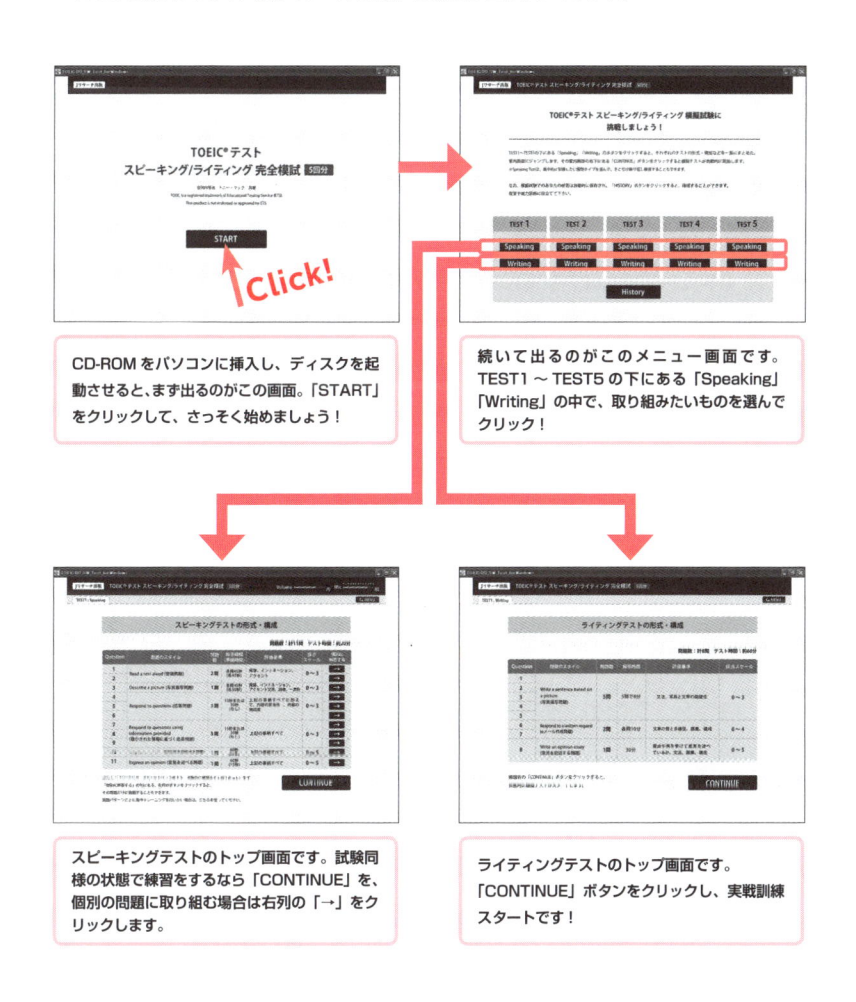

CD-ROMをパソコンに挿入し、ディスクを起動させると、まず出るのがこの画面。「START」をクリックして、さっそく始めましょう！

続いて出るのがこのメニュー画面です。TEST1～TEST5の下にある「Speaking」「Writing」の中で、取り組みたいものを選んでクリック！

スピーキングテストのトップ画面です。試験同様の状態で練習をするなら「CONTINUE」を、個別の問題に取り組む場合は右列の「→」をクリックします。

ライティングテストのトップ画面です。「CONTINUE」ボタンをクリックし、実戦訓練スタートです！

《推奨環境と使い方》

■ **Windows 版**：TOEIC® _SW_Test_forWindows.exe

| 動作環境 | 2.33GHz 以上の x86 互換プロセッサー、ネットブッククラスのデバイスの場合はインテル Atom™ 1.6 GHz 以上のプロセッサー
Microsoft® Windows Server 2008、Windows 7（64-bit）、Windows 8.1 Classic、Windows 10（64-bit）
512MB 以上の RAM（1GB 以上を推奨） |

| 使用方法 | CD を挿入すると自動でアプリケーションが起動します。起動しない場合やアプリケーション終了後再度起動する場合は、CD 内の TOEIC® _SW_Test_forWindows.app フォルダ内の「TOEIC® _SW_Test_forWindows.exe」をダブルクリックして起動してください。 |

■ **Mac OS 10.9 以上版**：TOEIC® _SW_Test_forMAC10.9+.app

| 動作環境 | インテル Core™ Duo 1.83GHz 以上のプロセッサー
Mac OS X v10.9 以降
512MB 以上の RAM（1GB 以上を推奨） |

| 使用方法 | CD 内の「TOEIC® _SW_Test_forMAC10.9+.app」をダブルクリックして起動してください。 |

※このディスクはパソコン専用なので、音楽プレイヤーでは絶対に再生しないでください。

《HISTORY＝解答履歴について》

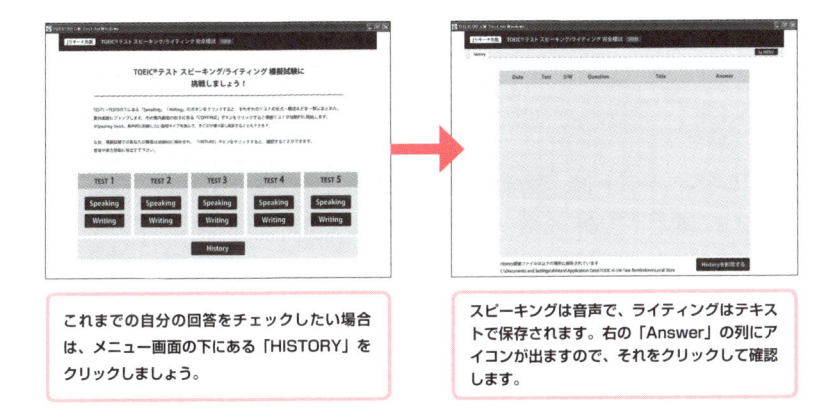

これまでの自分の回答をチェックしたい場合は、メニュー画面の下にある「HISTORY」をクリックしましょう。

スピーキングは音声で、ライティングはテキストで保存されます。右の「Answer」の列にアイコンが出ますので、それをクリックして確認します。

【HISTORY の保存場所】

■ Windows 7、8、10

C:\Users\［ユーザー］\AppData\Roaming\TOEIC-R-SW-Test-forWindows\Local Store\

■ Mac OS 10.9 以上版

Macintosh HD/Users/［ユーザー］/Library/Application Support/
TOEIC-R-SW-Test-forMAC/Local Store/

CAUTION!
● 本 CD-ROM の著作権は㈱Ｊリサーチ出版および著者者に帰属します。
● 本 CD-ROM および収録データの一部または全部を許可なく第三者にコピー・配布・転載することはできません。
● 本 CD-ROM および収録データの複製、また本 CD-ROM のデータを利用しての著作物の制作などは、法律により固く禁じられています。

TOEIC® SWテストってどんなテスト?

スピーキング／ライティングテストで求められる能力

TOEIC® SW テストは、**国際的な職場環境**において英語で効果的にコミュニケーションをとるために必要な、話す能力と書く能力を測定するテストで、以下のような能力が求められます。

■ TOEIC® スピーキングテスト ■

【 求められる能力 】

❶ 英語のネイティブスピーカーや英語に堪能なノンネイティブスピーカーに**理解しやすい言葉で話す**ことができる

❷ 日常生活において、また仕事上必要なやりとりをするために**適切に言葉を選択し、使う**ことができる（例えば、指示を与えたり受けたり、情報や説明を求めたり与えたり、購入、挨拶、紹介ができる等）

❸ 一般的な職場において、**筋道の通った継続的なやりとり**ができる

■ TOEIC® ライティングテスト ■

【 求められる能力 】

❶ 平易な文でも複雑な文でも、**適切な語彙・語句**を使用し、**文法的に正しい文**を作成できる

❷ **簡単な情報、質問、指示、話**などを伝えるために**複数の文**で構成される文章を作成することができる

❸ **複雑な考え**を表すために、状況に応じて**理由、根拠、詳しい説明**などを述べながら**複数の段落から構成される文章**を作成することができる

※ TOEIC SW テストには、LR テストと同様、一般的な、またはビジネスの場面が採用されておりますが、特殊なビジネス英語や特定の業界、分野の知識を必要としたり、特定の国の歴史や文化に関連する固有の事象がわからなければ解答できない問題などは含まれていません。

スピーキングテストの形式・構成

問題数：計 **11** 問　テスト時間：約 **20** 分

問題のスタイル	問題数	解答時間	課題概要	評価基準	採点スケール
Read a text aloud (音読問題)	2問	各問 45 秒 (準備時間 各 45 秒)	アナウンスや広告などの内容の、短い英文を音読する	発音、イントネーション、アクセント	0～3
Describe a picture (写真描写問題)	1問	45 秒 (準備時間 30 秒)	写真を見て内容を説明する	発音、イントネーション、アクセント、文法、語彙、一貫性	0～3
Respond to questions (応答問題)	3問	15 秒または 30 秒 (準備時間なし)	身近な問題についてのインタビューに答えるなどの設定で、設問に答える	上記の事柄すべてに加えて内容の妥当性、内容の完成度	0～3
Respond to questions using information provided (提示された情報に基づく応答問題)	3問	15 秒または 30 秒 (準備時間なし)	提示された資料や文書(スケジュール等)に基づいて、設問に答える	上記の事柄すべて	0～3
Propose a solution (解決策を提案する問題)	1問	60 秒 (準備時間 30 秒)	メッセージなどを聞き、その内容を確認した上で、問題の解決策を提案する	上記の事柄すべて	0～5
Express an opinion (意見を述べる問題)	1問	60 秒 (準備時間 15 秒)	あるテーマについて、自分の意見とその理由を述べる	上記の事柄すべて	0～5

ライティングテストの形式・構成

問題数：計 **8** 問　テスト時間：約 **60** 分

問題のスタイル	問題数	解答時間	課題概要	評価基準	採点スケール
Write a sentence based on a picture （写真描写問題）	5問	5問で8分	与えられた2つの語（句）を使い、写真の内容に合う一文を作成する	文法、写真と文章の関連性	0～3
Respond to a written request （eメール作成問題）	2問	各問10分	25～50語程度のEメールを読み、返信のメールを作成する	文章の質と多様性、語彙、構成	0～4
Write an opinion essay （意見を記述する問題）	1問	30分	提示されたテーマについて、自分の意見を理由あるいは例とともに記述する	理由や例を挙げて意見を述べているか　文法、語彙、構成	0～5

※ 出題される各問題のディレクション（解答方法）は全て英語で、画面に表示されるか音声で流れます。その指示に従って解答してください。問題形式・問題文・名称等は変更になることがあります

▎SWテストの受験形式・申込方法

　TOEIC® SWテストは、試験会場のパソコンに**インターネット**を介してテスト問題が配信されます。受験者はLRテストのように紙と鉛筆で解答するのではなく、**パソコン上**で音声を吹き込んだり文章を入力したりして解答します。SWテストの各受験者の解答は、ETSの認定を受けた採点者によって採点されます。各スコアは **0点から200点で、10点刻みで表示**され、スコアをもとにした評価が、**能力レベル別評価**として、スピーキングテストでは**8段階**、ライティングテストでは**9段階**で表示されます。さらに、スピーキングテストにおいては、**発音、イントネーション、アクセント**についても、それぞれ**3段階**で評価されます。受験申込はインターネットを通じて**公式サイト**（http://www.toeic.or.jp/sw）から行えます。

安コーチ直伝!!
TOEIC® SW テスト
出題スタイル別攻略法

SWテストの目標設定 ･･ 14

スピーキングテスト

Questions 1-2	音読問題 ････････････････････････････	15
Question 3	写真描写問題 ････････････････････････	17
Questions 4-6	応答問題 ････････････････････････････	19
Questions 7-9	提示された情報に基づく応答問題 ･･････	21
Question 10	解決策を提案する問題 ････････････････	22
Question 11	意見を述べる問題 ････････････････････	24

ライティングテスト

Questions 1-5	写真描写問題 ････････････････････････	25
Questions 6-7	eメール作成問題 ･････････････････････	26
Question 8	意見を記述する問題 ･･････････････････	27

ここからは、**安河内先生＝安コーチが学習者・受験者に向けて直接アドバイスします！**
SWテストの目標設定から始まり、受験本番での解答テクニック・攻略法に加えて、普段どんな学習をするのがよいかについて、問題のスタイルごとに、わかりやすく具体的に紹介いたします！

SWテストの目標設定

　TOEIC® TEST は今や、リスニングパート、リーディングパート、スピーキングパート、ライティングパートから構成され、**4 技能のテスト**となりました。

　LR テストでは、リスニングパートが 495 点、リーディングパートが 495 点。この 2 つのパートは受動的な英語力を測定するパートで、2 つの技能が合算され、990 点満点でスコアが算出されます。

　一方、SW テストは、スピーキングとライティングは**別々のテスト**と考えられ、スピーキングテストが **200 点満点**、ライティングテストが **200 点満点**でスコアが算出されます。

　LR テストでは、730 点が基礎力完成と言われるラインですが、SW テストにおいては、おおむね **120 点**くらいが、**基礎力完成のめやす**と言えるでしょう。また、**150 点以上のスコア**が取れれば、**十分に世界で役に立つ英語**が使いこなせるレベルだと言えるでしょう。マークシートで確実に正解・不正解が出る LR テストと比較して、SW テストの場合は、自分でゼロから解答を作らなければならないので、**高得点を取るのが非常に難しくなってきます**。いきなり 150 点越えを目指すのはちょっと難しいかもしれませんので、ひとまず最初は、120 点ラインを越えることを目標に、勉強を始めてみてください。

> **CHECK!**
> **120点で基礎が完成！**
> **150点で世界進出!!**

スピーキングテスト

Questions1-2　音読問題

音読問題の形式と評価

　画面に表示される**約100ワード程度**の文章を、**45秒間**で準備をした後に、**45秒間**の時間内に音読します。ここでは、**発音**、**アクセント**、**イントネーション**が採点されます。

　SWテストでの200点の評価というのは、職場での**タスク**を完璧にこなしているかということが重視された評価であり、これが**"本物の英語力"**と言えるでしょう。しかしながら、このTOEIC®スピーキングテストでは、みなさんの発音やイントネーションを向上させるための**目標**として、200点のスコアとは別に**発音**や**イントネーション**の評価が、**high - medium - low**という**3レベル**で出てきます。mediumでも十分通じるレベルですが、highであれば、ネイティブスピーカーに近い発音ができているということになります。とくにこの音読問題は、発音・イントネーションスケールに大きく影響すると思いますので、それを上げるためにはここで、きれいな音読ができることが重要だといえます。

　ただ、たとえばイントネーションに関するTOEIC®のスコア採点スケールは、「3 - 2 - 1 - 0」ですが、もっとも高い「3」においても、「些細なミスや、ほかの言語の影響がわずかにあるものの」という記述がありますので、**多少の地域言語の発音の影響は許容される**と考えてもいいでしょう。とはいえあまりにも母語・地域言語の影響が強すぎて、**ミスコミュニケーション**が起こる可能性がある場合は低評価となると思われますので、**ネイティブスピーカーがはっきり読む音**に近い音を出す訓練をすることは大切です。

試験本番でのポイント

　音読問題では、**準備時間**が45秒間ありますが、ここでは**必ず声を出して練習をし**てください。おそらく、**1回～1.5回**ぐらいは読めると思います。

　そして、本番での音読スピードに関してですが、これは、ネイティブスピーカーのように早口で話さなければならないということではありません。

　本番では、**45秒のうちだいたい30秒くらいをめどにして読む**ようにしましょう。もちろん、45秒間の最後の方の時間が空白になっても**構いません**。あまり急がなくても、45秒間と

いう時間は相当に長いですから、間に合わないということはまずないでしょう。逆に、速く速くとあせりすぎた結果、聞き取りにくい音になってしまうことは避けたいものです。**世界のどの国の人たちでもわかる**ような、**明瞭な発音とイントネーション**で話すこと、つまり、**誤解を生まないような、きちんとした発音**で話すことをまず心がけましょう。

> **CHECK!** 準備時間に声出し練習！ 目標は30秒！

● 学習のポイント

普段の学習としてはズバリ、発音やアクセント、イントネーションを**矯正**することがいちばん重要になってきます。当然、矯正の見本となるのは、ネイティブスピーカーの朗読ですが、**ネイティブスピーカー**とまったく同じレベルの朗読ができなければ満点が出ないかというと、**そういうことではありません**。たとえば [l] や [r]、[θ] などといった**日本語にない子音**の発音や、日本語にはない**あいまいな母音**の発音などは、日本語の**影響**を受けやすいので、しっかり練習することが求められます。

イントネーションに関しては、**機能語や旧情報は弱く**読み、**意味語や新情報は強く**読むことに注意を払うといいでしょう。そのために大切なのが、**意味を考えながら読む**ということです。英文の意味を考えながら読んでいれば、**必然的**に、機能語や旧情報は弱く読み、意味語や新情報を強く読むような読み方になっていきます。英語を音読するときは普段から、ネイティブスピーカーの真似をしながら、**意味を考え心をこめて**読むくせをつけましょう。

TOEIC®スピーキングテストの最初の問題が音読問題であることからもわかるとおり、英文を**音読**することは、英語学習の**基本中の基本**で、これを日々の習慣にすることは、リスニング、リーディング、スピーキング、ライティング**すべての分野**での得点を向上させることにつながります。ですから、スピーキングテストの点を取るためだけではなく、普段の**勉強の基本行為**として音読を習慣にして、発音やイントネーションを改善していきましょう。

> **CHECK!** 日本語にない音を集中訓練せよ！
> 意味を考えながら音読練習せよ！

スピーキングテスト
Question3　写真描写問題

問題の形式とメリット

ここでは、**画面に写真**が表示され、その写真を見ながら **30 秒間**準備した後で、**45 秒間**でその写真を詳しく描写しなければなりません。ここでは、**発音**、**アクセント**、**イントネーション**に加えて**文法**、**語彙**などが採点されます。

この問題は、みなさんが普段英語を勉強する際にも**非常に役に立つ**出題形式だと思います。また、この写真描写問題の練習をすることで、実際にその場にいなくても、**さまざまな英単語**を臨場感たっぷりに学べますし、ビジネスにおいては自社製品の説明や、写真を見ながら**のプレゼンテーション**などの場面での英語の使い方が上手になります。

試験本番でのポイント

さてこのタイプの問題を具体的に攻略するには、音読練習によって**発音**や**イントネーション**を改善することももちろん大切なのですが、自分の説明の仕方の「**型**」を作っておくことが非常に重要だと思います。

その「型」の第一歩としてまず、**写真全体を説明**しましょう。たとえば、**This is a photo of a ...**（これは〜の写真です）という感じで始めるといいでしょう。この 1 文を言っている間に、**次に何を話すかを考える**のです。つまり、テンプレート的な「**型**」に当てはめて話している間に、頭を使って考えながら、**次の発話の準備**をするというやり方です。これはスピーキングテストに限らず、**日常生活**で英語を使う場合でも使える方法です。

This is a photo of a ... の**次の一手**としては、もし写真全体が**屋外**のものであれば、**It is a fine day.**（天気のよい日です）のように、天気を説明するといいでしょう。ここでまた少し、考える時間を稼ぐことができます。

そしてその次は、**写真の中にどのようなものがあるか**をとらえ、いちばん**目立つものから順**に説明するといいでしょう。ものの**位置**を示すには、たとえば左［右］側なら **on the left [right] side of the photo**、真ん中なら **in the center of the photo** と言います。また、手前にある場合は **in the foreground**、後ろにある場合は **in the background**

のような表現を使うとよいでしょう。

　そしてこれらの位置関係を示す表現と同時に、**there is [are] ...** や **I (can) see ...** などの表現を使って、説明を続けていけばよいのです。たとえば真ん中に1人男性が立っていたとしましょう。その場合、In the center of the picture, I can see a man. と言えばいいのです。そして、その人物の**着衣や行為を一通り説明**し、その後はたとえば、On the left side of the photo, I see a car. のように、**また別のものを描写対象**とし、それについて色や様子を説明し、また次の描写対象へと移っていきましょう。これを続けていると45秒間を**しっかり使い切って**、適切な説明をすることができます。

　なお、この問題でも、前の音読問題と同様に、**準備時間には必ず声を出して練習する**ようにしてください。

CHECK!
☆説明の「型」を作るべし！
　写真全体→（天気）→目立つものから順に説明
☆45秒を使い切るため、準備時間は声出し練習！

● 学習のポイント

　普段の学習でも、前に述べたような方法で、**さまざまな写真を使って練習**することで、日常で見かける物品を実際に**口頭で説明**できるようになりますし、ここでの練習は、TOEIC® リスニングテストの **Part1** の問題や、TOEIC®ライティングテストの最初の問題にも、大いに役に立つこと間違いありません。

　TOEIC®テストのシリーズでは、スピーキング、ライティング、リスニング、リーディングが**実はリンクしており**、とくにこのスピーキングテストの勉強は、ほかの**すべての分野の実力アップ**に役立つのです。

CHECK! 手持ちの写真を使って、片っ端から説明練習せよ！

スピーキングテスト

Questions 4-6 　応答問題

■ 問題の形式

応答問題は、**身近な話題についてのインタビューに答える**ものです。衣・食・住・ビジネスなどに関する設問が、音声とともに**画面に表示**されます。準備時間がありませんので、**すばやく答えなければなりません**。ここからは**発音**、**アクセント**、**イントネーション**に加え、**文法**、**語彙**、**一貫性**、**内容の妥当性**、**内容の完成度**などが採点されます。

設問は合計3問で、最初2問は**単純な設問**、3問目は自分周辺のことを**描写する**ことが要求されます。最初2問は**各15秒**、3問目は**30秒**で答えます。

■ 試験本番でのポイント

最初の2問は、たとえば What did you eat for breakfast?（朝食に何を食べましたか）のような**単純な問いかけ**です。ですからたとえば I ate rice and miso soup.（ご飯とみそ汁を食べました）と答えてしまえば、これで**タスク**は完了です。解答時間は**15秒**ですが、**非常に重要なのは、最初にあまり長い空白をあけない**ことです。というのは、日常会話においてあまりにも長い空白が最初にあいてしまうと、これは**コミュニケーションの阻害要因**にもなります。どうしても思いつかない場合は、Well... let me see... などの言葉を使って少し引き延ばすこともできますが、できるだけ早く、3秒以内ぐらいには解答を開始するよう心がけましょう。なお、質問に答えられれば、解答時間の最後に空白ができるぶんには**問題ありません**ので、解答を終了してください。

そして**最後の1問**は、たとえば Describe your favorite meal.（あなたの好きな食事について描写しなさい）のようなことが要求され、その描写を、**30秒間の解答時間すべてを使って続けなければなりません**。開始3秒以内に話し始めることは、前の2問と同じですが、この**最後の質問だけ**は、30秒間すべて話し続けることが大切なのです。

> **CHECK!**
> ☆最初にあまり長い空白をあけないこと！
> ☆Q4&5:質問に答えられればOK！
> ☆Q6:30秒間ずっと話し続けること！

● **学習のポイント**

　この問題に関しては、TOEIC®スピーキングテストのさまざまな問題集を使って、**自分周辺の物事を英語でまとめておくことが大切**です。

　またそれは、スピーキングテストの対策としてだけでなく、みなさんが**実際に英語を話す機会**において、**非常に役に立つ**のです。たとえばみなさんが外国に行ったときには、さまざまなパーティーやイベントに出席し、**自己紹介**をしたり、**知らない人と話**をしたりする機会があると思います。そのようなときには、自分周辺の物事に関する質問を浴びることになります。そのため、たとえば衣食住、仕事、趣味などといった自分にまつわることを、**英語で説明**できるようになっておく必要があるのです。

　ですからこの本を含めさまざまなTOEIC®スピーキングテストの問題集の設問に、**自分なりの答えを作っておき**、その質問に即答できるようにしておくことで、海外で仕事や旅行をするときに役に立つ、"**自分英語**"の**ストック**ができるわけです。そのストック作りだと思って、ぜひ、ありとあらゆる質問に即答できるように、自分なりの答えを作り、貯めておきましょう。手はじめに、本書の問題には全部、答えられるようになってくださいね。

> **CHECK!**
> ☆自分周辺の物事を英語でまとめること！
> ☆さまざまなスピーキングテスト問題集を使って
> 　質問に対する自分なりの答えを作っておくこと！

スピーキングテスト

Questions7-9　提示された情報に基づく応答問題

● 問題の形式

　画面に、会議の議題や行事日程などの**資料が表示され**、音声で流れる**3つの設問**に答える形式。先の応答問題と同様に、最初の2問は**単純な質問**、最後の1問は複数の事項を**説明**することが要求されます。最初の2問は**各15秒**、3問目は**30秒**で応答します。

● 試験本番でのポイント

　まず、**準備時間の30秒で資料を音読**してください。なぜかというと、**固有名詞**などをぶっつけ本番で音読すると、意外と読み間違うことが多いのです。

　資料を音読しながら、その**資料の意図・目的をしっかり把握**してください。たとえばそれが行事日程なのか、会議スケジュールなのか、時刻表なのか、もし時刻表なら、それは船なのか飛行機なのか…というようなことを**しっかり理解しておく**ことが大切です。

　そして3つの設問に関しては、これも前の応答問題と同様に、**最初の2問と最後の1問で分けて考えましょう**。最初の2問は単純設問なので即答、3問目は30秒間描写し続けます。3問とも**解答時間の最初に大きな空白をあけない**ようにしてください。

> **CHECK!**　資料は音読せよ！　あとはQ4-6と同じ！

● 学習のポイント

　実は、TOEIC®リーディングテストのPart7でも、このような会議日程や行事日程を使った出題がされます。普段の練習としては、SWの問題集で学習する以外に、この**Part7の設問に口頭で答える**練習をしておくといいでしょう。そうすることによって、Part7の対策にもなり、リーディングテストのスコアをアップさせることにもつながります。

> **CHECK!**　TOEIC®リーディングテストのPart7を活用せよ！

スピーキングテスト

Question10　解決策を提案する問題

● 問題の形式

Q10 と Q11 は、TOEIC®スピーキングテストの中で**もっとも難しい問題**です。Q9 までは、ある程度対策を立てればそれなりに得点できますが、この最後の 2 題は、**本格的なスピーキング能力**を求められます。初心者はまず、Q9 までの練習を徹底しましょう。そして上級者はここからの 2 題の対策・練習をしっかりやって、**点数を稼ぎましょう**。

この Q10 は、**リスニングとスピーキングの複合問題**です。受験者はまず、留守番電話のメッセージを**聞き**、その内容を**耳で理解**したうえで、相手が抱えている**問題点を口頭で確認**し、その問題点に対する**解決策を口頭で示さなければなりません**。

メッセージの後に、準備時間が **30 秒**あり、**60 秒**で解決策を提示します。

● 試験本番と学習上のポイント

ここでは、自分の力では解決不能な**問題**や**苦情**を持つ人から、回答を求められます。ですからまず、そのようなケースに対して広く使える**テンプレート**を作っておくと、**非常に便利**です。企業の「お客様対応マニュアル」などがありますよね、あれと同じです。

解答する際にはまず、Hello. や Good morning. のように**挨拶**をした後に、**相手の名前**を覚えているなら、**This is a message for (相手の名前) .** と言いましょう。ですがもし相手の名前を忘れても、言わなかったせいで減点にはなりませんのでご心配なく。

続いて、自分の名前や会社名などを使って**自己紹介**するのですが、問題文のメッセージの中で、相手が自分の名前を呼んでいる場合は、相手がこちらに**呼びかけている名前**を言って下さい。相手がとくに自分の名前を呼んでいない場合は、**好きな名前**を言えばいいでしょう。そして、**Hello, this is (自分の名前)**. と自己紹介し、向こうがこちらの会社名や役職を言っている場合は、それを**名前に続けて**言いましょう。社名などをとくに言われなかった場合は、**何か適当な社名や役職名**を作って言いましょう。ちなみに私は、名前は Ted Eguchi、会社の名前は Riverside で統一しています。そうすると本番で**迷わずに安心**です。

挨拶と自己紹介の後は、相手に対する**お詫びやお礼**を続けます。たとえば、助言を要求

された場合は、**Thank you for asking me for advice.** などと、苦情に対しては **We are very sorry for inconvenience we may have caused you.** などと言えばいいですね。**ひな形となるセリフ**を覚えておきましょう。

そしてその後、相手がしゃべっていることを**要約して示しましょう**。たとえば **You said that ...** や **I understand that you ...** や **We are sorry to hear that ...** のような表現を使って、相手が言っていることを要約してまとめます。

その後は、それに対する**解決策を提示**するのですが、ここで最初に日本語の頭で解決策を考えてしまうと、その解決策に**英語が着いていかない**ことがよくあるので注意しましょう。提示する解決策が高度でプロフェッショナルかどうかが採点基準になることはなく、あくまでも要求されるタスクをこなしているかどうかがポイントですので、英語にしやすい**単純でシンプルな解決案**を考えましょう。答えるときには**まず解決策を1つ提示**して、時間が余れば、**also(また)を使ってもう1つの解決策**を提示しましょう。そして、**残り時間15秒**くらいになったら、たとえば、If you want further information, please call me at 555-8923. My name is Ted Eguchi from Riverside Bank. のように、もう1度自分の名前や電話番号を、ひな形的に言うといいでしょう。

このようなテンプレート的な(すでに暗記している)表現を組み合わせて言うと、**20 〜 30秒**は使いますので、**残りの40秒程度を自分で考えれば**よいのです。ぜひこういったテンプレート的表現を作って暗記し、本番で使いこなせるように訓練しましょう。

CHECK!

☆**テンプレートを作るべし！**

挨拶＋名前　　　(Hello. / Good morning. / This is xxx.)
⬇
お詫びorお礼　(Thank you for 〜. / We are very sorry for 〜.)
⬇
相手の話を要約(You said that 〜. / I understand that 〜.)
⬇
解決策提示

☆**英語にしやすい単純でシンプルな解決策を考えるべし！**

スピーキングテスト

Question11 | 意見を述べる問題

● 問題の形式

あるテーマについて、**論理的に順序立てて自分の意見を述べる**問題です。画面に2択や3択の選択肢や、「～は何だと思いますか」のような問題文が**表示**され、**読み上げ**られます。その後**15秒**の準備時間に続いて、**60秒**で自分の意見や理由を論理的に述べます。

● 試験本番のポイント

まず、15秒の準備で、「～とも言えれば…とも言える」のように**優柔不断にならない**ようにしましょう。どれでもいいので必ず**1つをきちんと選択**してください。あとは、60秒の解答時間で説明する中で、**途中で意見を変えない**ことが重要です。

解答の際はまず、自分の選んだものについて「**私はこれを選んだ**」と主張します。たとえば、**I believe that ...** と言い切ってもいいですね。その後に、**I have two reasons for thinking this.** のように、理由が（この場合は2つ）あることを示します。

そして、**First, ...** や **The first reason is that ...** などから始めて、1つ目の理由を、**残り時間30秒**あたりまで言います。理由には、具体例をくっつけて、説得力を持たせましょう。そして残り時間30秒程度のところで、**Second, ...** や **The second reason is that ...** などから2番目の理由を言い始めましょう。そして、2番目の理由に具体例をつけ、残り時間が**15秒**ぐらいになったら、**So in conclusion, I believe that ...** というふうに結論づけ、スパッと終わりますと、きれいなスピーチの完成です。

まとめると、「10秒で自分が選んだものを提示→20秒で1つ目の理由→20秒で2つ目の理由→10秒で結論」くらいの時間配分がいいでしょう。

CHECK!
☆優柔不断は禁物！
☆主張 ⇒ 理由1 ⇒ 理由2 ⇒ 結論
　（10秒）　（20秒）　（20秒）　（10秒）

ライティングテスト

Questions1-5　写真描写問題

問題の形式

画面には**写真と2つの語句**が表示され、この2つの語句を順不同で組み合わせて、1つの英文を書かなければなりません。時間は**5問で計8分**です。ここでは、**写真と文の関連性**、**文法**が採点されます。

学習のポイント

ここでは、大学受験で見かけるような文法や表現を使う必要はありません。**中学英語＋高校1～2年程度の英文法**が使いこなせれば十分なので、そういうタイプの、**基本文法のドリル**で勉強してください。あとは、日常生活の中で見かける**物品**に関する語彙（名詞）や、人間の**行為**を表す言葉（動詞）や基本的な**前置詞**の使い方を覚えておきましょう。

それにプラスして、英語を**書く練習**をすることも重要です。この"書く練習"に際しては、自分の"**お抱え添削サービス**"を持ちましょう。たとえばGoogleで「**英語　ネイティブ　添削**」などのワードで**検索**をかけると、さまざまな添削サービスサイトにヒットします。たいていのサービスには無料体験がついていますので、それを利用し、自分の**環境**（ネット状況・価格・英語レベルなど）に合ったサービスを1つ選んで、ネイティブによる添削を、**日常的に気軽**に受ける**習慣**を持つようにしましょう。

そして、ライティング練習の添削に限らず、**スピーキング**の練習で作った英文に関しても、どんどん添削してもらいましょう。そして、添削の結果正しくなった英文をためて、それらを暗唱していくことで、自分の中に「詰せる英語のストック」を増やしていきましょう。みなさんは、スピーキングやライティングというと、その場で英語を創出しなければならないと思うかもしれませんが、**大切なのはテンプレート**です。頭の中にテンプレートを作って、**発信できるパターンを増やす**ことが、スピーキングとライティングでは重要です。

CHECK!
☆中学～高校1～2年レベルの文法を習得せよ！
☆お抱え添削サービスを持つべし！

ライティングテスト

Questions6-7　eメール作成問題

● 問題の形式

　画面に表示された **25～50ワード**程度のeメールを**読み**、**指示に沿った返信メール**を、**10分間**で作成します。eメールの内容は、**職場で遭遇**するであろうさまざまなテーマがとられています。そして、たとえば「3つの情報を示し、1つの質問をするように」などの**指示に従い、タスクをこなす**ことがいちばん重要です。ここでは、**文章の質と多様性**、**語彙**、**語句**、**構成**が採点されます。eメール問題は **2題**出題され、**合計20分**の解答時間があります。

● 試験本番のポイント

　eメール問題は、まずは**出だしの部分**に注目し解答の書き始めをそれに合わせましょう。問題文が **Dear...** となっていれば自分も **Dear...** と返し、相手が **Hi!** ぐらいのニュアンスなら、自分もその口調で返します。

　本文は、**Thank you for the message.** や **Thank you for your e-mail.** のような書き出し部分があって、そして、必ず**タスク**をこなします。たとえば、「3つの提案をしなさい」と指示された場合は、**First, ...** 、**Second, ...** 、**Third[Finally],** ...などのような、**列挙のマーカー**を使って分かりやすくタスクをこなします。

　そして最後は、**Yours,** や **Sincerely,** や、**I'm looking forward hearing from you.** のような定型表現で結んでから改行し、自分の名前を書きます。

　つまり、始まりと結びで**メールの定型を守る**ということと、その間にタスクに即した英文**をきっちり作って入れる**ことが大切なのです。

● 学習のポイント

　eメール問題では**定型表現**を使いこなすことが大切ですが、そういった定型表現はどこで見ればいいのでしょう。それは、**TOEIC®リーディングテストのPart7**の問題文です。Part7にはビジネスのeメールの例が無限にありますので、その**ひな形**を利用するのがいいでしょう。もちろん、**本書の模範解答**もひな形ですので、大いに活用してください。

> **CHECK!** メールの定型表現を使いこなすために、
> TOEIC® リーディングテストPart7を活用せよ！

ライティングテスト

Question8 | 意見を記述する問題

問題の形式

提示されたテーマについて、自分の意見を 30 分で**論理的**にまとめ、記述する問題です。ここでは、**理由**や**例**を挙げて意見を述べているかということや、**文法**、**語彙**、**語句**、**構成**などが採点されます。

この問題では、目安として **300 語以上**書くことが**推奨**されています。すなわち **1 分間 10 ワード**というペースで書かなければならないわけです。300 語の英文を書くということは、普段からかなり英語を書き慣れていないと大変難しく感じると思います。もちろん、ただ 300 語書けばいいというものではなく、文章を**論理的に構成**しなくてはなりませんから、その点に関しても**かなりの練習が必要**だと思います。

試験本番のポイント

スピーキングテストの Question11 と同様に、ここでも「**賛成・反対**」や「**二者択一**」「**三者択一**」などの**選択・決定**を迫られます。その選択や決定が、「あれもいいし、これもいいし」のように、"玉虫色"になってしまっては、高評価はまず望めませんので、それだけは避けてください。そして、このときの選択や決定は、必ずしも**自分の本心と一致している必要はありません**。なぜならこの問題は、いわば**論文を書くための能力**を要求しているのであって、受験者の考え方がどうなのか評価するための問題ではないからです。

最初の選択・決定に際しては、とにかく、**明確な理由が提示できるかどうか**、そしてその理由に対して、**具体例を引いてこられるかどうか**がポイントになります。ですから、たとえ自分の主義主張に合っていることや、自分が道徳的に正しいと感じることであっても、その理由や明確な具体例を引っ張ってこられないのであれば、ここでの課題である 300 ワードを最後まで書ききることはできません……300 ワードは**結構長い**ですよ。

ここでも、テンプレート的に決まっている「**型**」というのが有効です。

たとえば、「I believe that….．で軸となる**主張を表明**→ First, ... で**最初の理由**を提示→ For example ... で**具体例**→ Second, ... で **2 番目の理由と具体例**を提示→ Third

...や Finally ... で**3番目の理由と具体例**→ So in conclusion ... で**結論**」というオーソドックスな型にはめてしまえばいいのです。

英語の論文は、TOEIC®でも TOEFL でも、こうやって**型を使って**、残りの部分は**適当に作って入れればいいのです**。私が受験する場合には、私はすべて**ストーリーを創作**しています。たとえば「私はどこどこの会社でなになに部長をしていましたが、その時の経験から以下のように……」みたいな感じで、**完全に自作**します。たとえば、「私の友人はかつてこう言う経験をしました…」「私は会社を経営していますが、私の親友の会社が先日倒産したのです。その理由は…」とか。そうやって**楽しみながら面白くストーリーを考えて**、最後は So in conclusion ...でもう一度最初の主張を繰り返して結ぶ…で、一丁上がりです。

つまり、生真面目に自分の本心や経験を反映させようとするのはやめて、ストーリーをうまいことでっちあげて上手に話をまとめる"**上手なホラ吹き**"になりましょう！　ぜひ、楽しみながら、チャレンジしてくださいね。

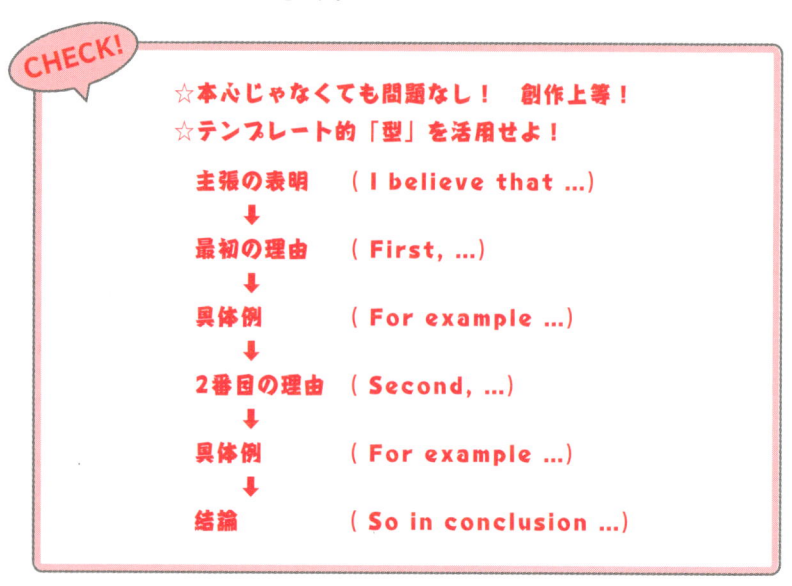

CHECK!

☆**本心じゃなくても問題なし！　創作上等！**
☆**テンプレート的「型」を活用せよ！**

　主張の表明　　（I believe that ...）
　　↓
　最初の理由　　（First, ...）
　　↓
　具体例　　　　（For example ...）
　　↓
　2番目の理由　（Second, ...）
　　↓
　具体例　　　　（For example ...）
　　↓
　結論　　　　　（So in conclusion ...）

Speaking & Writing Test One

Speaking Test

Questions 1-2
Read a text aloud 30

Question 3
Describe a picture 34

Questions 4-6
Respond to questions 36

Questions 7-9
Respond to questions using information provided 39

Question 10
Propose a solution 44

Question 11
Express an opinion 47

Writing Test

Questions 1-5
Write a sentence based on a picture 50

Questions 6-7
Respond to a written request 56

Question 8
Write an opinion essay 63

Speaking Test One

Questions 1-2
Read a text aloud

Question 1

Directions: In this part of the test, you will read aloud the text on the screen. You will have 45 seconds to prepare. Then you will have 45 seconds to read the text aloud.

ディレクション： このパートでは、画面に表示されるテキストを音読します。準備時間は45秒あります。そしてその後、あなたは45秒でテキストを音読します。

Grange Park Amateur Dramatic Society regularly holds both musicals and plays for the local community. We are currently seeking volunteers to perform such duties as ushering audience members, posting fliers, and serving refreshments during the interval. If this is something that you can help with, drop by during our weekly Thursday evening rehearsals or contact Ron Adams at 555-3344.

和訳

グランジパーク・アマチュア・ドラマティック・ソサエティは、地域コミュニティのためにミュージカルと演劇の両方を定期的に開催します。私たちは現在、観客の案内をしたりチラシを貼ったり休憩時間に軽食を配ったりするボランティアの人たちを探しています。もし力をお貸しいただけるようでしたら、毎週木曜晩のリハーサルにお立ち寄りいただくか、電話番号555－3344でロン・アダムスまで連絡をしてください。

Speaking Test One

解答例

Grange Park Amateur Dramatic Society / **regularly** holds / both **musicals** and **plays** / for the **local community.** / We are **currently** seeking **volunteers** / to **perform** such **duties** / as **ushering** **audience members,** / **posting fliers,** / and **serving refreshments** / during the **interval.** / If this is **something** / that you can **help** with, / **drop** by during our **weekly Thursday evening rehearsals** / or contact **Ron Adams** / at **555-3344.** /

☆太字の語句は、やや強く読みましょう。

ボキャブラリー

□ regularly	[régjulərli]	圖 定期的に	□ play	[pléi]	圖 演劇
□ local community		地域社会	□ currently	[kə́:rəntli]	圖 現在は
□ volunteer	[vàləntíər]	图 ボランティア	□ perform	[pərfɔ́:rm]	動 行う
□ duty	[djú:ti]	图 職務；務め	□ usher	[ʌ́ʃər]	動 案内する
□ post	[póust]	動 掲示する	□ flier	[fláiər]	图 チラシ
□ refreshment	[rɪfréʃmənt]	图 軽食	□ interval	[íntərvəl]	图 休憩
□ drop by		立ち寄る	□ rehearsal	[rihə́:rsəl]	图 リハーサル

✓ セルフチェックポイント

	自 己 判 定
ポイント❶ 45秒以内に読み終わったか。	0 1 2 3
ポイント❷ 何回も止まってしまわなかったか。	0 1 2 3
ポイント❸ 機能語を強く読み過ぎなかったか。	0 1 2 3
ポイント❹ 英文の内容を考えながら読めたか。	0 1 2 3
ポイント❺ [l] と [r] の違いを意識できたか。	0 1 2 3

Question2

Directions: In this part of the test, you will read aloud the text on the screen. You will have 45 seconds to prepare. Then you will have 45 seconds to read the text aloud.

ディレクション： このパートでは、画面に表示されるテキストを音読します。準備時間は45秒あります。そしてその後、あなたは45秒でテキストを音読します。

For over three decades, Eastside Electricals has been the country's leading household appliance retailer. To celebrate our anniversary, we are offering a complimentary gift to all customers who spend over $50 in our store, along with the chance to win a brand-new desktop computer, television or vacuum cleaner. Visit your nearest Eastside Electricals store for further details.

和訳

30年以上の間、イーストサイド・エレクトリカルズは、大手の家電小売店でありつづけてきました。私たちの記念日を祝って、私たちの店で50ドル以上をお買い上げいただいたすべてのお客様に、最新式のデスクトップコンピュータかテレビか掃除機を獲得するチャンスつきの無料ギフトをご提供します。詳しくは、お近くのイーストサイド・エレクトリカルズのお店へお越しください。

Speaking Test One

解答例

For over **three decades**, / **Eastside Electricals** / has been the **country's leading household appliance retailer**. / To **celebrate** our **anniversary**, / we are **offering** a **complimentary gift** / to all **customers** / who spend over **$50** in our **store**, / along with the **chance** / to **win** a **brand-new desktop computer**, / **television** / or **vacuum cleaner**. / **Visit** your **nearest Eastside Electricals store** / for **further details**. /

☆太字の語句は、やや強く読みましょう。

ボキャブラリー

□ decade	[dékeid]	名 10年間	□ household appliance		家庭用品；家電
□ retailer	[rí:teilər]	名 小売店	□ celebrate	[séləbrèit]	動 祝う
□ anniversary	[ænəvə́:rsəri]	名 記念日	□ complimentary	[kὰmpləméntəri]	形 無料の
□ along with		～と一緒に	□ brand-new	[bræ̀ndnjú:]	形 新品の
□ further	[fə́:rðər]	形 さらなる			

✓ セルフチェックポイント　　　　　　　　自 己 判 定

ポイント❶	45秒以内に読み終わったか。	0 1 2 3
ポイント❷	何回も止まってしまわなかったか。	0 1 2 3
ポイント❸	機能語を強く読み過ぎなかったか。	0 1 2 3
ポイント❹	英文の内容を考えながら読めたか。	0 1 2 3
ポイント❺	自然なイントネーションで読めたか。	0 1 2 3

Question3
Describe a picture

🔘 **CD-5**

Question3

Directions: In this part of the test, you will describe the picture on your screen in as much detail as you can. You will have 30 seconds to prepare your response. Then you will have 45 seconds to speak about the picture.

ディレクション： このパートでは、画面に表示される写真をできるだけ詳しく説明します。回答の準備時間は30秒あります。そしてその後、あなたは45秒で写真について話します。

Speaking Test One

解答例

This is a picture of a park scene. I can see several people in the picture. In the foreground, there is a green vehicle and two men standing behind it. They are having a chat. In front of the vehicle, there is a park bench. I can also see a railing. In the background, there are some rocks. Two people are sitting on the rocks. They might be having a picnic. I can also see some trees. It is sunny because I can see some shadows on the ground.

和訳

これは公園の風景の写真です。写真の中には数人の人々が見えます。手前には、緑色の車両があり、2人の男性が後ろに立っています。彼らはおしゃべりをしています。車両の前には、公園のベンチがあります。柵も見えます。奥には、いくつかの岩があります。2人の人々が岩の上に座っています。彼らはピクニックをしているのでしょう。また数本の木も見えます。いくつかの影が地面に見えるので、天気は晴れです。

ボキャブラリー

- **foreground** [fɔ́ːrgràund] 图 最前面
- **railing** [réiliŋ] 图 柵
- **vehicle** [víːirkl] 图 車両
- **background** [bǽkgràund] 图 遠景

✓ セルフチェックポイント

		自己判定
ポイント❶	場所の説明ができたか。	0 1 2 3
ポイント❷	景色の説明ができたか。	0 1 2 3
ポイント❸	人物の動作が説明できたか。	0 1 2 3
ポイント❹	見えるものの位置が説明できたか。	0 1 2 3
ポイント❺	天気の説明ができたか。	0 1 2 3
ポイント❻	発音、イントネーション、アクセントは正しかったか。	0 1 2 3

Questions 4-6

Respond to questions

Directions: In this part of the test, you will answer three questions. For each question, begin responding immediately after you hear a beep. No preparation time is provided. You will have 15 seconds to respond to Questions 4 and 5 and 30 seconds to respond to Question 6.

ディレクション: このパートでは、3つの質問に答えます。ピーッという音が鳴ったらすぐに、それぞれの質問に答え始めてください。準備時間はありません。Question4と5には15秒で、Question 6には30秒で答えてください。

Imagine that a U.S. marketing firm is doing research in your country. You have agreed to give a telephone interview about movie theaters.

和訳

アメリカの市場調査会社があなたの国でリサーチを実施しているとします。あなたは、映画館に関する電話インタビューを受けることに同意しています。

Speaking Test One

Question4

How often do you go to a movie theater?

> 和訳

あなたはどのくらいの頻度で映画館に行きますか。

> 解答例

I go to my local movie theater <u>once a year</u>. To be honest, I'm not a big movie fan. Do you have any other questions?

> 和訳

年に一度、自分の地元の映画館に行きます。正直言うと、私は映画の大ファンというわけではありません。ほかに質問はありますか。

Question5

Who do you usually go to a movie theater with?

> 和訳

あなたはふだん、だれと一緒に映画館へ行きますか。

> 解答例

If I go to the movie theater, it is always <u>with my wife</u>. If I went with somebody else, my wife would probably get jealous. Can I help you with anything else today?

> 和訳

私が映画館に行くときはいつも自分の妻と一緒です。もし私がほかのだれかと行ったら、妻はきっとやきもちを焼くでしょう。ほかに何かお手伝いしましょうか。

Question6

What do you usually do before and after going to a movie theater?

和訳

あなたはふだん、映画館へ行く前と後に何をしますか。

解答例

<u>Before</u> I go to the movie theater, <u>I like to</u> pick up some chocolate and a soft drink from a nearby convenience store. I think that the prices charged inside the movie theater are too high. <u>After</u> the movie, <u>I will usually</u> go straight home or if I am still hungry, go to a nearby restaurant.

和訳

映画館に行く前に、私は近所のコンビニエンスストアでチョコレートとソフトドリンクを買うのが好きです。映画館の中の（チョコやドリンクの）値段は高すぎると思うのです。映画の後は、まっすぐ家に帰るか、もしまだ空腹な場合は、近所のレストランに行きます。

ボキャブラリー

☐ imagine [imǽdʒin] 動	想像する	☐ marketing firm		市場調査会社
☐ to be honest	正直に言えば	☐ get jealous		ねたむ
☐ pick up	買う	☐ nearby [níərbái] 形		近所の
☐ charge [tʃɑ́ːrdʒ] 動	（代金を）請求する	☐ straight [stréit] 副		まっすぐに

✓ セルフチェックポイント

		自 己 判 定
ポイント❶	Q4 で回数について答えられたか。	[0] [1] [2] [3]
ポイント❷	回数を表す表現を正しく使えたか。	[0] [1] [2] [3]
ポイント❸	Q5 の質問を理解し、正しく答えたか。	[0] [1] [2] [3]
ポイント❹	Q6 では何をするかしっかり表現できたか。	[0] [1] [2] [3]
ポイント❺	Q6 では極端に話をそらさずに 30 秒話せたか。	[0] [1] [2] [3]

Speaking Test One

Questions 7-9
Respond to questions using information provided

CD-11

Directions : In this part of the test, you will answer three questions based on the information provided. You will have 30 seconds to read the information before the questions begin. For each question, begin responding immediately after you hear a beep. No additional preparation time is provided. You will have 15 seconds to respond to Questions 7 and 8 and 30 seconds to respond to Question 9.

ディレクション： このパートでは、提示される情報に基づいて3つの質問に答えます。質問が始まる前に、30秒、提示される情報を読む時間があります。ピーッという音を聞いたらすぐに、それぞれの質問に答え始めてください。準備時間はありません。Question 7と8には15秒で、Question 9には30秒で答えてください。

Century Book Company

Upcoming Publication Schedule

Title	Author	Publication Date	Retail Price
Cat Story	Sharon Simpson	July 2	$14.00
Great Goals	Matthew Gerrard	July 4	$21.00
English Phrasal Verbs	Richard Wilson	July 25	$19.00
Gardener's World	Samantha Garnett	July 27	$12.50
Real Adventures	Tony Kendall	August 4	$13.50

〔Narrator〕
Good morning. My name is John Taylor and I am the manager of Dalton Bookstore. I'd like to ask you about your upcoming publication schedule.

和訳

センチュリー出版社

出版予定スケジュール

タイトル	著者	発行日	小売価格
キャット・ストーリー	シャロン・シンプソン	7月2日	14.00 ドル
グレイト・ゴール	マシュー・ジェラード	7月4日	21.00 ドル
英語の句動詞	リチャード・ウィルソン	7月25日	19.00 ドル
ガードナーの世界	サマンサ・ガーネット	7月27日	12.50 ドル
リアル・アドベンチャー	トニー・ケンドール	8月4日	13.50 ドル

〔音声メッセージ〕
おはようございます。私はダルトン・ブックストアの経営者、ジョン・テイラーです。御社の近刊スケジュールについてお聞きしたいのです。

Speaking Test One

CD-12

Question 7

I'd like to know how many books the Century Book Company will be publishing in July and the title of the first to be published?

> 和訳

センチュリー・ブックカンパニーが7月に何冊発行するかと、最初に刊行される本のタイトルを知りたいのです。

> 解答例

Let me see. There are four books due for publication in July. The first one to be published is entitled Cat Story and it is written by Sharon Simpson. Do you have any other questions?

> 和訳

そうですね。7月に出版することになっている4冊の本があります。1冊目は『キャット・ストーリー』というタイトルがついており、シャロン・シンプソンによって書かれています。ほかに質問はありますか。

Question8

I understand that the retail price for Richard Wilson's new book about English Phrasal Verbs will be $21.00. That is correct, isn't it?

和訳

英語の句動詞に関する、リチャード・ウィルソンの新刊本の小売価格は21ドルだと理解しています。それは正しいですか。

解答例

No, that is not correct. The retail price of his new book is $19.00. Can I help you with anything else today?

和訳

いいえ、それは違います。彼の新しい本の小売価格は19ドルです。ほかに何かお手伝いしましょうか。

ボキャブラリー

□ upcoming [ʌ́pkʌ̀miŋ] 形 近づきつつある	□ publication [pʌ̀bləkéiʃən] 名 出版；刊行
□ publish [pʌ́bliʃ] 動 発行する	□ due for publication 出版される予定だ
□ entitle [intáitl] 動 ～に題名をつける	□ retail price 小売価格
□ correct [kərékt] 形 正しい	□ mention [ménʃən] 動 ～について述べる

Speaking Test One

Question 9

🅲🅳 CD-14

Aside from the two titles you've already mentioned, what other books is your company planning to publish over the summer?

和訳

あなたがすでに言及した2作品はさておき、夏の間、御社はほかにどんな本を出版する予定ですか。

解答例

Let me see. <u>First</u>, Great Goals by Matthew Gerrard will be published on July 4th. <u>Then</u>, Gardener's World by Samantha Garnett will be published on July 27th. <u>Finally</u>, on August 4th, Real Adventures by Tony Kendall will be published. The price for each book is $21.00, $12.50, and $13.50 respectively.

和訳

そうですね。まず、マシュー・ジェラードの『グレイト・ゴール』が7月4日に出版されます。そして、サマンリ・ガーネットの『ガードナーの世界』が7月27日に出版されます。最後に、8月4日にトニー・ケンドールの『リアル・アドベンチャー』が出版されます。それぞれの本の価格はそれぞれ、21ドル、12.5ドルそして13.5ドルです。

ボキャブラリー

□ aside from	〜はさておき	□ respectively [rispéktivli]	圓 それぞれ

✓ セルフチェックポイント

		自 己 判 定			
ポイント❶	すぐに各設問に答えられたか。	0	1	2	3
ポイント❷	Q7の冊数とタイトルを正しく言えたか。	0	1	2	3
ポイント❸	Q8で、正しい答えを返せたか。	0	1	2	3
ポイント❹	Q9で、適切なタイトルをあげられたか。	0	1	2	3
ポイント❺	Q9で、大きな空白を置かずに25秒以上話せたか。	0	1	2	3

Question 10

Propose a solution

CD-15

Directions: In this part of the test, you will be presented with a problem and asked to propose a solution. You will have 30 seconds to prepare. Then you will have 60 seconds to speak.
In your response, be sure to
- show that you recognize the problem, and
- propose a way of dealing with the problem

ディレクション： このパートでは、提示された問題に対して解決策を提示します。準備時間は30秒です。そしてその後、60秒で話してください。
答えるときには、以下の事に注意してください。
・問題を把握していることを示す
・問題に対応する方法を提案する

ボキャブラリー

語	発音	品詞	意味	語	発音	品詞	意味
□ president	[prézədənt]	名	社長	□ personnel	[pə̀ːrsənél]	名	人事部
□ native	[néitiv]	形	現地生まれの	□ renewable	[rinjúːəibl]	形	更新可能な
□ contract	[kάntrækt]	名	契約	□ notice	[nóutis]	動	気づく
□ significant	[signífikənt]	形	大幅な	□ mid-contract	[mídkάntrækt]	名	契約の途中で
□ take up			始める	□ employment	[implɔ́imənt]	名	雇用；勤務
□ rival	[ráivəl]	形	張り合う	□ be related to			～に関係している
□ employee	[implɔ́iiː]	名	従業員	□ terms and conditions			契約条件
□ package	[pǽkidʒ]	名	一括契約	□ recruit	[rikrúːt]	動	募集する
□ replacement	[ripléismənt]	名	交代要員	□ possibly	[pάsəbli]	副	できる限り
□ reach	[ríːtʃ]	動	～に連絡する	□ homesick	[hóumsìk]	形	ホームシックの
□ overworked	[òuvərwèːrkt]	形	過重労働の	□ feel taken for granted			軽くみられていると感じる
□ send out			送信する				
□ response	[rispάns]	名	反応；回答	□ questionnaire	[kwèstʃənέər]	名	アンケート
□ encourage	[inkɔ́ːridʒ]	動	促す	□ award	[əwɔ́ːrd]	動	与える
□ directly	[diréktli]	副	直接に	□ see out			成し遂げる

44

Speaking Test One

Hello, this is Mary Atkinson, the president of Richmond Foreign Language Services with a message for the head of personnel. We employ a large number of native French, Spanish, and German teachers in our schools on renewable one-year contracts. However, I have noticed a significant increase in the number of teachers leaving us mid-contract either to return to their home country or to take up employment at rival language schools. I don't think this can be related to our employee terms and conditions because we offer a great package to our teachers. When a teacher leaves us mid-contract, it creates a lot of problems as we have to cancel lessons and try to quickly recruit a replacement. I'd like to hear your ideas as to why you think this situation is happening and what we can possibly do to try to stop it. Thanks. This is Mary Atkinson and you can reach me at 555-3344.

和訳

こんにちは、こちらはリッチモンド外国語サービス社長のメアリー・アトキンソン、人事部長へのメッセージです。私たちは、フランス語、スペイン語、そしてドイツ語を母語とする教師を、更新可能な1年間契約で多く雇用しています。しかしながら私は、故郷へ帰ったりライバルの語学学校へ就職したりするために、契約の途中で去ってしまう教師の数の著しい増加に気づきました。私はこのことに、契約条件が関係しているとは思いません…我々は教師たちに、良い契約を申し出ていますから。教師たちが契約途中で我々のもとを去ってしまうことは、レッスンをキャンセルし、後任者を素早く採用しなければならないといったたくさんの問題を生み出します。なぜこのようなことが起こり、これを止めるために私たちは何ができるのかについての、あなたの意見を聞きたいです。よろしく。こちらはメアリー・アトキンソン、555-3344へお電話ください。

> 解答例

Good morning. This is a message for Mary Atkinson. This is (your name), the head of personnel. First, thank you for your message. You said that many teachers are leaving mid-contract to either return home or to join rival schools. This is something that I have been noticing, too. There might be several reasons for this. They may be homesick, be overworked, and possibly feel taken for granted by us. Why don't we send out a questionnaire to our teachers and ask them for their opinions? We might be surprised at some of their responses. Another idea might be to award an end of contract bonus to the teachers. I think this might encourage the teachers to see out their contracts. If you want to speak to me directly today about this problem or any of my ideas, give me a call at 555-7422. Thanks.

> 和訳

おはようございます。これは、メアリー・アトキンソンさんへのメッセージです。こちらは（受験者の名前）、人事部の責任者です。まず、メッセージをいただきありがとうございます。たくさんの教師が契約半ばで故郷へ帰るかライバル校へ移籍するために去って行ってしまうと言われました。これは私も気が付いていることです。これにはいくつかの理由があるかもしれません。彼らはホームシックになったのかもしれませんし、過重労働なのかもしれませし、私たちから軽く見られていると感じているのかもしれません。教師たちにアンケートを送って、彼らの意見を聞いてはいかがでしょうか。彼らの回答には意外なものもあるかもしれません。もう1つのアイデアは、契約の終わりに教師たちにボーナスを与えることかもしれません。これは、契約を完了するよう教師たちに促すかもしれないと思います。この問題や私のアイデアについて、もし今日私と直接話をしたければ、555-7422まで電話をください。よろしく。

✓ セルフチェックポイント	自 己 判 定
ポイント❶ 自己紹介を適切にできたか。	0 1 2 3 4 5
ポイント❷ 相手の問題を理解していることを示せたか。	0 1 2 3 4 5
ポイント❸ 分かりやすく具体的な解決策を提示できたか。	0 1 2 3 4 5
ポイント❹ 結びの提案や挨拶は適切にできたか。	0 1 2 3 4 5
ポイント❺ 大きな空白を作らず50秒以上話せたか。	0 1 2 3 4 5

Speaking Test One

Question 11
Express an opinion

CD-17

Directions : In this part of the test, you will give your opinion about a specific topic. Be sure to say as much as you can in the time allowed. You will have 15 seconds to prepare. Then you will have 60 seconds to speak.

ディレクション： このパートでは、特定のトピックについて意見を述べます。時間が許す限り、できるだけたくさん話してください。準備時間は15秒です。そしてその後、60秒で話してください。

When applying for a new job, what do you consider to be the most important thing to think about?
1. Salary & benefits
2. Company reputation
3. Job responsibilities

和訳

新しい仕事へ応募するとき、考えるべきもっとも重要なことは何だと思いますか。
1. 給与と諸手当
2. 会社の評判
3. 職責

ボキャブラリー

□ apply for ~	~に志願する	□ salary	[sǽləri]	图 給料
□ benefit [bénəfit]	图 手当	□ reputation	[rèpjutéiʃən]	图 評判
□ job responsibility	職責			

解答例 1 　 CD-18

I consider salary and benefits to be the most important and there are several reasons why. The first reason is that if my salary is high, then I can save more money. At the moment, I am working in a job that pays a low salary and has few benefits and I feel pretty miserable. The second reason is that benefits are an important motivator for me. Whether it is free gym membership or a subsidized cafeteria, perks make me feel that the company is giving me something more than just a basic wage. Although I do think about the reputation of the company and the actual job responsibilities to some extent, I do not personally consider them to be as important as the salary and benefits when applying for a new job.

和訳

私は、給与と諸手当が最も重要だと考えますし、そこにはいくつかの理由があります。1つ目の理由は、もし私の給料が高ければ、私はより多くのお金を貯められるからです。現在、私は安い給与で手当がほとんどない状態で働いており、非常にみじめな思いをしています。2つ目の理由は、手当は、私にとってやる気を起こさせる重要なきっかけだということです。スポーツジムの無料会員権であろうと補助金付きのカフェテリアであろうと、社員特典は私に、その会社が自分に単なる基本給以上の何かを与えてくれていると感じさせます。会社の評判や実際の職責についてもある程度は考えられますが、私はそれらを、新しい仕事を探す際に給与や手当よりも重要だとは、個人的には思いません。

解答例 2 　 CD-19

I think that the job responsibilities are the most important. If I choose a job that does not suit my skills, then I am not going to be very successful at it. I would not want to take on a job that required a lot of meetings because I don't enjoy them. A job that required me to make huge financial decisions would also not be appropriate for me <u>because</u> I'm not very good at math. I would carefully consider whether the job involved meeting the general public because I like dealing with people in a customer service environment. <u>So, that's why</u> for me, <u>I would consider</u> the job responsibilities above everything else.

和訳

私は、職責がもっとも重要だと思います。自分のスキルに適さない仕事を選ぶと、私はその仕事で大きく成功できないでしょう。私は、たくさんの会議が必要とされる仕事には就きたくありません。なぜなら楽しめないからです。巨大な財務決定を必要とする仕事もまた、私にふさわしくありません。なぜなら私は数学が得意ではないからです。その仕事が一般の人との出会いを伴うかどうかについて、私は注意深く考えるでしょう。なぜなら私は、顧客サービス環境下で人々に対応するのが好きだからです。そんなわけで、私にとって職責が最重要なのです。

ボキャブラリー

□ at the moment		現在のところ	□ miserable [mízərəbl]	形 みじめな
□ motivator [móutəvèitər]	名	きっかけ	□ gym membership	ジムの会員権
□ subsidized [sʌ́bsədàizd]	形	補助金つきの	□ perks [pə́ːrks]	名 特権
□ basic wage		基本給	□ actual [ǽktʃuəl]	形 実際の
□ to some extent		ある程度	□ personally [pə́ːrsənəli]	副 個人的に
□ suit [súːt]	動	適合する	□ successful [səksésfəl]	形 成功した
□ take on a job		職に就く	□ require [rikwáiər]	動 〜を必要とする
□ huge [hjúːdʒ]	形	巨大な	□ financial decision	財務的な決定
□ appropriate for		〜にふさわしい	□ involve [inválv]	動 含む；かかわる
□ general public		一般社会	□ deal with	〜に対応する
□ customer service		顧客サービス	□ environment [inváiərəmənt]	名 環境
□ above everything else		最重要である		

✓ セルフチェックポイント	自 己 判 定
ポイント❶ 意見・主張を絞り込めたか。	0 1 2 3 4 5
ポイント❷ その理由をしっかり提示できたか。	0 1 2 3 4 5
ポイント❸ 具体例で説得力を増せたか。	0 1 2 3 4 5
ポイント❹ 正しい語彙や構文を使えたか。	0 1 2 3 4 5
ポイント❺ 大きな空白を作らず50秒以上話せたか。	0 1 2 3 4 5

Writing Test One

Questions 1-5

Write a sentence based on a picture

Questions 1-5

Directions: In this part of the test, you will write ONE sentence that is based on a picture. With each picture, you will be given TWO words or phrases that you must use in your sentence. You can change the forms of the words, and you can use the words in any order.

Your sentence will be scored on
- the appropriate use of grammar and
- the relevance of the sentence to the picture

In this part, you can move to the next question by clicking on Next. If you want to return to a previous question, click on Back. You will have 8 minutes to complete this part of the test.

ディレクション： このパートでは、写真に基づく1文を書きます。それぞれの写真について、文中で使わなくてはならない2つの単語または句が与えられます。単語は形を変えてもよいですし、使う順番も問いません。

あなたの文は、
・文法の適切な使用と
・写真と文との関連性
以上2点について採点されます。

このパートでは、「Next」をクリックして次の問題に行けます。もし戻りたければ「Back」をクリックします。このパート全体で、回答時間は8分です。

Writing Test One

Question 1

man / sit

解答例

Some men are sitting on a bench in a park.

和訳

数人の男性たちが公園でベンチに座っています。

Question2

many / passenger

> **解答例**

Many passengers are sitting next to each other on a train.

> **和訳**

多くの乗客たちが、電車の中でお互い隣り合って座っています。

Question3

some / outdoors

> 解答例

Some people are taking a walk outdoors.

> 和訳

数人の人々が屋外で散歩をしています。

Question4

taxi / because

> 解答例

A woman is taking a taxi because it is convenient.

> 和訳

彼女はタクシーに乗ろうとしています、なぜなら便利だからです。

Question5

road / in order to

解答例

The road has been dug up in order to lay some new pipes.

和訳

その道路は、数本の新しいパイプを置くために、掘り起こされてしまっている。

✓ セルフチェックポイント		自 己 判 定
ポイント❶	Q1 の必須語を使って写真の内容を表現できたか。	0 1 2 3
ポイント❷	Q2 の必須語を使って写真の内容を表現できたか。	0 1 2 3
ポイント❸	Q3 の必須語を使って写真の内容を表現できたか。	0 1 2 3
ポイント❹	Q4 の必須語を使って写真の内容を表現できたか。	0 1 2 3
ポイント❺	Q5 の必須語を使って写真の内容を表現できたか。	0 1 2 3

Questions 6-7

Respond to a written request

Directions :   In this part of the test, you will show how well you can write a response to an e-mail.
Your response will be scored on
　・the quality and variety of your sentences
　・vocabulary
　・organization
You will have 10 minutes to read and answer each e-mail.

ディレクション：　このパートでは、メールに対して返事を書きます。
あなたのメールは、
　・文の質とバリエーション
　・語彙
　・構成
以上3点で評価されます。
メールを読んで書くための時間は10分あります。

Question6

Directions: Read the e-mail below.

> From: Peter Wilson, Western Airlines
> To: Amanda Kane
> Subject: Your recent trip
> Sent: April 2
>
> I would like to thank you for registering with our frequent-flyer program after your recent flight with us. We are always interested in receiving feedback from our passengers. If you have any comments about your recent flight, please get in touch.
>
> ---
>
> **Directions:** Respond to the e-mail as if you are Amanda Kane, a recent passenger with Western Airlines. In your e-mail, explain THREE problems.

和訳

ディレクション： 次のメールを読みなさい。

差出人：ウエスタン航空　ピーター・ウィルソン
宛先：アマンダ・ケイン
件名：あなたの最近の旅行
送信日：4月2日

先日、当社の飛行機をご利用後に、フリークエント・フライヤー・プログラム（マイレージサービス）へご登録いただきまして、どうもありがとうございます。私どもはつねに、お客様がたからの反響を頂戴することに関心を寄せております。もし、先日のフライトに関して何かご意見おありでしたら、ご連絡くださいませ。

ディレクション： ウエスタン航空を最近利用したアマンダ・ケインになったつもりで、返信メールを書きなさい。メールでは、3つの問題を説明しなさい。

ボキャブラリー

- **register** [rédʒɪstər] 動 登録する
- **feedback** [fíːdbæk] 名 反応
- **respond** [rɪspɑ́nd] 動 返事する
- **frequent-flyer** [fríːkwəntfláɪər] 名 頻繁利用客
- **get in touch** 連絡を取る

解答例

Dear Mr. Wilson,

Thank you for taking the time to write to me. I would like to explain three problems I experienced on my recent flight.

First, I thought that the selection of in-flight movies was quite poor. Most of them were old releases and I had seen them before. To be honest, I was quite disappointed.

Second, my seat tray was broken. When I asked if I could move seats, the flight attendant explained that the flight was full. I therefore had to use a tray that was slanted to the left slightly.

Finally, I found the food served during the flight to be rather uninspiring. Furthermore, the food was served lukewarm. I have experienced better food while flying with other airlines.

Apart from these three problems, I found everything else to be more than satisfactory.

Yours,

Amanda Kane

和訳

ウィルソンさま

わざわざお便りいただきありがとうございます。私は、最近のフライトで私が経験した3つの問題についてご説明させていただきたいです。

まず第一に、フライト中に機内で上映する映画のセレクションが非常に貧弱でした。それらのうちほとんどが、昔に公開されたもので、私は以前すでに見たことがありました。正直言って、とてもがっかりしました。

第二に、私の座席トレーが壊れていました。座席を移動できるかどうかをお願いした際に、フライトアテンダントは、その便が満席だと説明しました。そのせいで私は、少し左に傾いているトレーを使わなければなりませんでした。

最後に、機内食が少々パッとしないと感じました。さらに、食べ物は生ぬるい状態で供されました。私は他の航空会社の飛行機に乗った時に、もっと良い食事を経験しています。

これら3つの問題はさておき、その他すべてのことは申し分ありませんでした。

かしこ

アマンダ・ケイン

ボキャブラリー

語	発音	品詞	意味
in-flight	[ínflàit]	形	機内の
disappointed	[dìsəpóintid]	形	失望した
flight attendant			客室乗務員
slanted	[slǽntid]	形	傾いた
uninspiring	[ʌninspáiəriŋ]	形	退屈な
lukewarm	[lúːkwɔ̀ːrm]	形	ぬるい
to be honest			正直なところ
seat tray			座席トレー
therefore	[ðɛ́ərfɔ̀ːr]	副	ゆえに
slightly	[sláitli]	副	わずかに
furthermore	[fə́ːrðərmɔ̀ːr]	副	その上
satisfactory	[sæ̀tisfǽktəri]	形	満足な

✓ セルフチェックポイント

自己判定

		0	1	2	3	4
ポイント❶	書き出しの挨拶はできたか。					
ポイント❷	相手の要求を理解し3点の問題を提示できたか。					
ポイント❸	内容に具体性があったか。					
ポイント❹	正しい語彙や構文を使えたか。					
ポイント❺	結びの言葉を正しく使えたか。					

Question 7

Directions: Read the e-mail below.

From: Katie Dawson, Manager, Riverside Hotel
To: Yvonne Atkins, Assistant Manager, Riverside Hotel
Subject: Hotel of the Year Ceremony
Sent: June 1

Our hotel has been selected as a finalist in the annual "Hotel of the Year" award ceremony to be held in London on July 4. We have been given three tickets to attend the ceremony. Aside from you and me, who else from our hotel do you think should attend, and do you have any other suggestions regarding our trip to London?

Directions: Respond to the e-mail as if you are Yvonne Atkins, the assistant manager. In your e-mail give THREE suggestions.

和訳

ディレクション： 次のメールを読みなさい。

差出人：リバーサイドホテル　支配人　ケイティ・ドーソン
宛先：リバーサイドホテル　副支配人　イボンヌ・アトキンス
件名：ホテルオブザイヤー式典
送信日：6月1日

我々のホテルは、7月4日にロンドンで開催される、年1度の"ホテルオブザイヤー"授賞式における最終選考候補として選ばれました。我々はその式に出席するためのチケットを3枚与えられました。あなたと私は別として、ホテルの中からだれを出席させるべきでしょうか。また、我々のロンドン行きについて、何かほかに提案はありますか。

Writing Test One

ディレクション: 副支配人のイボンヌ・アトキンスになったつもりで、返信メールを書きなさい。メールでは、3つの提案をしなさい。

ボキャブラリー

☐ **finalist**	[fáinəlirst]	图 決勝戦出場者	☐ **annual**	[ǽnjuəl]	形	年に1度の
☐ **award ceremony**		授賞式	☐ **suggestion**	[səgdʒéstʃən]	图	提案

解答例

Katie,

I'm so happy that our hotel has been nominated. That is great news!
In response to your question, I'd like to suggest the following.
First, I suggest that we ask Ian Truman to join us. He has worked really hard this year and has not taken a single day off sick.
Second, I recommend that we arrive early because I think July 4 is the same day as the London Carnival. I think that the train and bus services are going to be quite busy.
Finally, why don't we book some accommodation in London? This will enable us to enjoy the sights and not have to rush for the train home. If you agree, we should book somewhere soon as places get full quickly.
Let me know what you think of my suggestions.

Yours,
Yvonne

> 和訳

ケイティへ

私たちのホテルがノミネートされてとてもうれしいです。これはすごいニュースです！
あなたの質問に答えて、次のことを提案します。
第一に、イアン・トルーマンに我々に加わってくれるよう頼んではどうでしょうか。彼は今年とても熱心に働き、病欠は一度もありません。
第二に、7月4日はロンドン・カーニバルの当日だと思うので、早めに到着するのをお勧めします。電車とバスが、とても混雑するだろうと思います。
最後に、ロンドンでの宿泊先を予約してはどうでしょうか。そうすることで、観光を楽しめますし、帰りの電車に急ぐ必要もなくなるでしょう。もし同意してもらえるなら、予約が埋まるのが早いので、私たちはすぐにどこか予約する方がいいでしょう。
私の提案についてどう思うかお知らせください。

かしこ

イボンヌより

ボキャブラリー

☐ nominate	[námənèit]	動 推薦する	☐ in response to			〜に答えて
☐ suggest	[səgdʒést]	動 提案する	☐ following	[fálouiŋ]	图	次のこと
☐ recommend	[rèkəménd]	動 推薦する	☐ book	[búk]	動	予約する
☐ accommodation	[əkàmədéiʃən]	图 宿泊施設				

✓ セルフチェックポイント

自 己 判 定

ポイント❶	書き出しの挨拶はできたか。	0 1 2 3 4
ポイント❷	相手の要求を理解し3点の提案を提示できたか。	0 1 2 3 4
ポイント❸	内容に具体性があったか。	0 1 2 3 4
ポイント❹	正しい語彙や構文を使えたか。	0 1 2 3 4
ポイント❺	結びの言葉を正しく使えたか。	0 1 2 3 4

Question 8

Write an opinion essay

Directions: In this part of the test, you will write an essay in response to a question that asks you to state, explain, and support your opinion on an issue. Typically, an effective essay will contain a minimum of 300 words.

Your response will be scored on
- whether your opinion is supported with reasons and examples
- grammar
- vocabulary
- organization

You will have 30 minutes to plan, write, and revise your essay.

ディレクション： このパートでは、ある問題についてあなたに意見、説明、そして意見の裏付けを要求する質問に対して作文をします。一般に、効果的な作文を書くには少なくとも300語が必要です。
あなたの回答は、
・理由や例によってあなたの意見が裏付けられているか
・文法
・語彙
・構成
以上の4点で評価されます。
作文を考えて、書いて、見直しをするための時間は30分間です。

Directions: Read the question below. You have 30 minutes to plan, write, and revise your essay.

Recently, several companies have begun offering cash payments to employees who achieve specific scores in foreign language proficiency tests. What is your opinion about this? Give specific reasons and examples to support your opinion.

> 和訳

ディレクション： 次の質問を読みなさい。内容を考えて、書いて、見直しをするための時間は30分間です。

最近、いくつかの会社は、外国語の検定試験で特定のスコアに達成した従業員に、現金を支払う提案をし始めています。これについてのあなたの意見は何ですか。その意見を裏付ける、具体的な理由と例をあげなさい。

> ボキャブラリー

☐ cash payment	現金払い	☐ employee [implɔ́iː] 图	従業員
☐ achieve [ətʃíːv] 動	達成する	☐ specific [spəsífik] 形	特定の
☐ proficiency test	検定試験		

Writing Test One

> 解答例 1

I believe that offering financial incentives is a good thing and there are several reasons why. It motivates employees to study and learn a foreign language, it attracts better candidates for positions at the company, and it also raises the profile of the company itself.

First, I believe that offering cash payments motivates employees. At the moment, money is quite tight for many people. Spending money on foreign language lessons is a luxury for many people when they are struggling to pay their mortgage and utility bills. If the company promises to reward employees if they pass a foreign language proficiency test, it will likely motivate workers to begin studying because they know that they will get their money back. There is a pot of gold at the end of the rainbow – so to speak.

Second, a company that runs such a scheme is likely to attract candidates for interviews that are eager to learn a foreign language or who already have high proficiency. This results in a win-win situation for both the employer and the employee. The employer wins because they have a better pool of candidates to choose from when interviewing prospective employees and the employee wins because they will be working in an environment where foreign language skills are valued.

Finally, it is good public relations for the company. I read recently about a major mobile phone company here in Japan that runs a similar scheme. I know about it because it was plastered all over the Internet, in the newspapers, and even on the television news. The company got a lot of free publicity as a result of their policy. The amount of money that they were offering to their employees was quite significant. I would love to be working at that company because I know that I would feel motivated and supported in my quest to master English.

<u>In conclusion, I feel that</u> awarding cash payments to employees who score well in foreign language proficiency tests is a good thing. It raises the motivation of company employees to learn a foreign language, it results in job applicants attending interviews for that company that have an interest in foreign languages, and it also provides good publicity for the company that offers the cash payment.

和訳

　報奨金を提示することは、私は良い事であると信じていますが、これにはいくつかの理由があります。それは従業員たちを、外国の言葉を勉強し、学ぶ気にさせますし、それは会社での地位へのより良い候補者を引き付けます、そして、それはまた会社自体の認知度を高めます。

　第一に、現金払いを提示することは、従業員をやる気にさせます。今のところ、多くの人々にとって、経済状況はとても厳しいです。外国語のレッスンにお金を使うことは、住宅ローンや光熱費を必死に支払っている多くの人々にとって贅沢なことです。もし外国語の検定試験に合格すれば、会社が従業員たちに報奨金を払うと約束するなら、労働者たちは、お金が戻ってくることがわかっていますので、勉強し始める気になるでしょう。言うなれば、虹の先には黄金が入った壺があるのです。

　第二に、そのような計画を実施している会社は、外国語を学びたいと熱望する、あるいはすでに習熟している面接志願者たちを引き付けるでしょう。これは、従業員と雇い主の双方に利益のある状況をもたらします。雇い主は、将来の従業員に面接をするときに選ぶためのより良い志願者の貯蔵を持てるので成功しますし、従業員は、外国語のスキルが評価される環境で働くので成功します。

　最後に、それは会社にとって良い広報活動（PR）です。私は最近、日本の大手携帯電話会社が、よく似た計画を実施しているということについて読みました。それがインターネット中に、新聞に、そしてテレビのニュースにさえ広がっていたので、私はそれについて知っています。その会社は彼らの方針の結果として、たくさんの無料の宣伝ができました。彼らが従業員たちに申し出ていたお金の額は、非常に大きいものでした。私は、私が英語を習得する探求において、やる気になり、助けられ

ていると感じるだろうとわかるので、私はぜひあの会社で働きたいのです。

　結論として、外国語の検定試験の成績が良い従業員への表彰金支払いは、いいことだと感じています。それは会社の従業員たちの外国語を学ぶ気を上げます。それは結果的に、その会社の面接に出席する外国語に興味を持っている求職者たちをもたらしますし、それはまた現金の支払いを提示するその会社のいい評判をもたらします。

ボキャブラリー

☐ financial incentive		報奨金	☐ motivate	[móutəvèit]	動	刺激する
☐ attract	[ətrǽkt]	動 引き付ける	☐ candidate	[kǽndidèit]	名	志願者
☐ position	[pəzíʃən]	名 地位	☐ profile	[próufaìl]	名	略歴
☐ at the moment		今のところ	☐ tight	[táit]	形	きつい
☐ luxury	[lʌ́kʃəri]	名 ぜいたく	☐ struggle	[strʌ́gl]	動	もがく
☐ mortgage	[mɔ́ːrgidʒ]	名 住宅ローン	☐ utility bills			ガス電気水道代
☐ reward	[riwɔ́ːrd]	名 褒賞	☐ a pot of gold			巨万の富
☐ so to speak		いわば	☐ scheme	[skíːm]	名	計画
☐ be eager to		〜したがっている	☐ win-win	[wínwín]	形	お互い得する
☐ employer	[implɔ́iər]	名 雇用主	☐ prospective	[prəspéktiv]	形	将来の
☐ valued	[vǽljuːd]	形 貴重な	☐ public relations			広報活動
☐ plaster	[plǽstər]	動 まき散らす	☐ publicity	[pʌblísəti]	名	広告
☐ significant	[signífikənt]	形 著しい	☐ feel motivated			やる気になる
☐ quest	[kwést]	名 探求	☐ award	[əwɔ́ːrd]	動	授与する
☐ score well		高得点を取る	☐ result in			〜の結果になる
☐ job applicant		求職者	☐ provide	[prəváid]	動	与える

解答例 2

<u>In my opinion,</u> this is not a useful thing and there are several reasons for this. Not all employees require foreign language skills, there are other skills which should be rewarded and <u>recognized as well,</u> and it draws money away from other things that could benefit all employees, and their customers.

<u>First,</u> not all employees are required to use a foreign language in their work. Even a large multinational company will likely have many workers who will never need to travel overseas, read a document written in a foreign language or come into contact with

a person from another country. If I use an example of a large car manufacturer, although it may have some plants in other parts of the world and there may be meetings between managers from various countries, a plant worker in Nagoya assembling a new car will probably not need command of a foreign language. As a result, he or she will likely have little motivation to learn a foreign language and will therefore not benefit from such a scheme. Therefore, the number of employees who will benefit from such a scheme will probably be quite low. Many people consider learning a foreign language to be quite troublesome and time-consuming, not to mention, difficult. Consequently, even with large cash payments offered, many might feel that the sums of money are not worth the amount of effort involved.

Second, I think that money should be offered for a wider variety of skills and not only to those who are proficient in foreign languages. For example, a company could pay financial rewards to those who undertake some kind of community volunteer work or who have come up with cost-saving ideas. Conferring such a high reward on learning a foreign language somewhat diminishes the accomplishments of other people who have equally good skills, in my opinion.

Finally, if a company starts spending money on rewarding employees for learning skills, then it means that money cannot be spent on other things which might benefit all employees. Perhaps the money could be better spent on improving an employee lounge or cafeteria. Alternatively, the company could spend the money on providing better tools and machinery, computers and uniforms for their staff or on further improving its service to its customers.

In conclusion, although I think learning a foreign language is important and should be recognized, I'm not convinced that rewarding employees financially is a good thing. It will likely benefit only a few employees who need a foreign language, while many will not be rewarded for developing equally important skills and the company will have less money to spend on other things.

和訳

　私の意見では、これは有益なことではなく、それにはいくつかの理由があります。すべての社員が外国語のスキルを必要としているわけではありませんし、ほかにも同様に報酬を与えられ評価されるべきスキルがあります。そしてそれは、全社員と顧客の得になりうるほかのことへ回すお金を奪ってしまいます。

　まず最初に、すべての社員が仕事で外国語を使う必要があるわけではありません。大きな多国籍企業でさえ、海外へ出張したり、外国語で書かれた書類を読んだり、ほかの国から来た人と接触したりする必要が一度も生じない社員はたくさんいるでしょう。ある大きな自動車メーカーの例を使うと、その会社は世界の他の地域にいくつかの工場を所有し、さまざまな国の責任者同士が会議をするかもしれませんが、名古屋で新車の組み立てをする工員はおそらく、外国語を駆使する能力を必要としないでしょう。結果として、その人は外国語を学ぶ意欲をほぼ持たないでしょうし、それゆえそのような計画から恩恵を受けることはないでしょう。そのため、そのような計画から恩恵を受けるような人たちの数は、おそらくとても少ないでしょう。多くの人たちは、外国語を学ぶことは難しいのは言うまでもなく、とても煩わしく時間がかかると考えています。結果として、多額の現金支払いが提示されたとしても、多くの人はその金額が、必要な努力の量に見合わないと感じるかもしれません。

　2番目に、私は、お金は外国語に堪能な人たちだけではなく、よりさまざまなスキルに対して与えられるべきだと思います。たとえば、会社はある種の地域ボランティアを請け負う人たちや経費削減案を思いついた人たちに、金銭的報酬を支払えることもできるでしょう。私の考えでは、外国語を学ぶことにそのような多額の報奨金とを与えることで、同じぐらい良いスキルを持っているほかの人たちの業績は、いくぶんか減っています。

　最後に、もし会社がスキルを習得する社員に報いるために費用を使い始めると、それは社員全員が得をするほかの事に使えなくなってしまうことを意味します。もしかしたらその費用は、社員の休憩室やカフェテリアを改善するのに使う方がいいかもしれません。別の方法として、会社はよりよい道具や機械、スタッフのコンピュータや制服、もしくは顧客へのより良いサービスを提供するためにそ

の費用を使えるかもしれません。

　結論として、外国語を学ぶことは重要で、しかも認められるべきだとは思いますが、私は社員に金銭的な報酬を与えることがいいことだとは確信していません。それは外国語を必要としている少数の社員の利益にしかならない可能性が高く、一方では同じくらい重要なスキルを向上させることに対して多数の人たちは報酬を得られず、また会社がほかの事に使えるお金を減らしてしまうからです。

ボキャブラリー

語	発音	品詞	意味
not all			すべて〜とは限らない
recognize	[rékəgnàiz]	動	認める
multinational	[mʌltinǽʃənl]	形	多国籍の
come into contact with			〜と接触する
plant	[plǽnt]	名	工場
assemble	[əsémbl]	動	組み立てる
motivation	[mòutivéiʃən]	名	やる気
scheme	[skíːm]	名	計画
time-consuming	[táimkənsùːmiŋ]	形	時間のかかる
consequently	[kánsəkwèntli]	副	その結果
sum of money			金額
involved	[invάlvd]	形	関係した
proficient	[prəfíʃənt]	形	堪能な
undertake	[ʌ̀ndərtéik]	動	請け負う；企てる
cost-saving idea			経費節約案
somewhat	[sʌ́mhwʌt]	副	いくぶんか
accomplishment	[əkάmpliʃmənt]	名	業績
lounge	[láundʒ]	名	休憩室
provide	[prəváid]	動	供給する
convinced	[kənvínst]	形	確信している
while	[hwáil]	接	一方では〜
reward	[riwɔ́ːrd]	動	〜に報酬を与える 名 報奨金
benefit	[bénəfit]	動	利益を与える
travel overseas			海外旅行をする
car manufacturer			自動車メーカー
manager	[mǽnidʒər]	名	管理者
command	[kəmǽnd]	名	自由に使える能力
benefit from			〜から恩恵を受ける
troublesome	[trʌ́blsəm]	形	厄介な
not to mention			〜は言うまでもなく
cash payment			現金払い
worth	[wə́ːrθ]	形	〜の価値がある
a wide variety of			さまざまな種類の〜
financial reward			金銭的報酬
come up with			〜を思いつく
confer	[kənfə́ːr]	動	与える
diminish	[dimíniʃ]	動	減らす
in my opinion			私の考えでは
alternatively	[ɔltə́ːrnətivli]	副	別の方法として
machinery	[məʃíːnəri]	名	機械類
financially	[finǽnʃəli]	副	金銭的に

✓ セルフチェックポイント

		自己判定
ポイント❶	意見・主張を絞り込めたか。	0 1 2 3 4 5
ポイント❷	その理由をしっかり提示できたか	0 1 2 3 4 5
ポイント❸	具体例で説得力を増せたか。	0 1 2 3 4 5
ポイント❹	正しい語彙や構文を使えたか。	0 1 2 3 4 5
ポイント❺	ビジネス文書としてふさわしい文体だったか。	0 1 2 3 4 5

Speaking & Writing Test Two

Speaking Test

Questions 1-2
Read a text aloud ··· 72

Question 3
Describe a picture ··· 76

Questions 4-6
Respond to questions ··· 78

Questions 7-9
Respond to questions using information provided ··· 81

Question 10
Propose a solution ··· 86

Question 11
Express an opinion ··· 89

Writing Test

Questions 1-5
Write a sentence based on a picture ··· 92

Questions 6-7
Respond to a written request ··· 98

Question 8
Write an opinion essay ··· 105

Speaking Test Two

Questions 1-2
Read a text aloud

CD-20

Question 1

Directions: In this part of the test, you will read aloud the text on the screen. You will have 45 seconds to prepare. Then you will have 45 seconds to read the text aloud.

ディレクション： このパートでは、画面に表示されるテキストを音読します。準備時間は45秒あります。そしてその後、あなたは45秒でテキストを音読します。

Are you seeking a suitable venue for your upcoming special event? Why not consider the Red River Hotel? With our spacious rooms, manicured lawns, and exceptional service, it is not surprising that we have been voted the county's favorite hotel for five successive years. We guarantee that we will make your special event a day to truly remember.

> **和訳**
>
> あなたの今度の特別な行事にうってつけの場をさがしていますか。レッド・リバー・ホテルを考えてみてはどうでしょうか。私たちの広い部屋、きれいに刈り込まれた芝生、そして優れたサービスで、我々が全国の人気ホテルとして5年連続で選ばれてきたことは驚くことではありません。私たちは、あなたの特別イベントを、本当に記憶に残る日にすることを保証します。

Speaking Test Two

CD-21

解答例

Are you **seeking** a **suitable venue** / for your **upcoming special event**? / **Why not consider** / the **Red River Hotel**? / With our **spacious rooms,** / **manicured lawns,** / and **exceptional service**, / it is **not surprising** / that we **have been voted** / the **county's favorite hotel** / for **five successive years**. / We **guarantee** / that we will **make your special event** / a day to **truly remember**. /

☆太字の語句は、やや強く読みましょう。

ボキャブラリー

☐ suitable	[súːtəbəl]	形 適した	☐ venue	[vénjuː]	名 開催場所
☐ spacious	[spéiʃəs]	形 広々とした	☐ manicure	[mǽnəkjùər]	動 刈り込む
☐ exceptional	[ikSépʃənl]	形 優れた	☐ vote	[vóut]	動 選ぶ
☐ successive	[səksésiv]	形 連続の	☐ guarantee	[gærəntíː]	動 保障する

✓セルフチェックポイント

	自 己 判 定
ポイント❶ 45秒以内に読み終わったか。	[0] [1] [2] [3]
ポイント❷ 何回も止まってしまわなかったか。	[0] [1] [2] [3]
ポイント❸ 機能語を強く読み過ぎなかったか。	[0] [1] [2] [3]
ポイント❹ 英文の内容を考えながら読めたか。	[0] [1] [2] [3]
ポイント❺ 単語のアクセントを間違えなかったか。	[0] [1] [2] [3]

Question2

Directions : In this part of the test, you will read aloud the text on the screen. You will have 45 seconds to prepare. Then you will have 45 seconds to read the text aloud.

ディレクション： このパートでは、画面に表示されるテキストを音読します。準備時間は45秒あります。そしてその後、あなたは45秒でテキストを音読します。

Attention all passengers. Those departing on flight RL443 bound for San Francisco are requested to proceed to the gate. Please remember to have your boarding pass and passport ready for inspection. Passengers with connecting flights to Los Angeles, San Diego or Las Vegas are advised that all services are currently operating normally.

和訳

乗客のみなさまに申し上げます。サンフランシスコ行きのRL443に登場予定の方は、ゲートへお進みください。検査のために搭乗券とパスポートをご準備ください。ロサンゼルス、サンディエゴ、ラスベガスへの乗り継ぎ便をご予定のお客様へは、現在すべてのサービスが正常に稼働していることをお知らせいたします。

Speaking Test Two

CD-23

解答例

Attention all passengers. / Those departing on flight RL443 bound for San Francisco / are requested to proceed to the gate. / Please remember / to have your boarding pass and passport / ready for inspection. / Passengers with connecting flights to Los Angeles, / San Diego / or Las Vegas are advised / that all services are currently operating normally. /

☆太字の語句は、やや強く読みましょう。

ボキャブラリー

□ depart	[dipá:rt]	動 出発する	□ bound for			～行きの
□ proceed	[prəsí:d]	動 進む	□ inspection	[inspékʃən]	名	検査
□ connecting flight		乗り継ぎ便	□ currently	[kə́:rəntli]	副	現在は
□ operate	[ápərèit]	動 作動する				

✓ セルフチェックポイント

		自 己 判 定
ポイント❶	45秒以内に読み終わったか。	[0] [1] [2] [3]
ポイント❷	何回も止まってしまわなかったか。	[0] [1] [2] [3]
ポイント❸	機能語を強く読み過ぎなかったか。	[0] [1] [2] [3]
ポイント❹	英文の内容を考えながら読めたか。	[0] [1] [2] [3]
ポイント❺	自然なイントネーションで読めたか。	[0] [1] [2] [3]

Question3

Describe a picture

Question3

Directions: In this part of the test, you will describe the picture on your screen in as much detail as you can. You will have 30 seconds to prepare your response. Then you will have 45 seconds to speak about the picture.

ディレクション: このパートでは、画面に表示される写真について、できるだけ詳しく描写します。準備時間は30秒あります。そしてその後、あなたは45秒で写真について話してください。

Speaking Test Two

CD-25

解答例

<u>This is a scene of</u> an outdoor café or plaza. <u>I can see</u> a large number of people in the picture. <u>On the left,</u> some people are sitting under some green parasols. They <u>might be</u> having a chat or a cup of coffee. <u>In the middle of the picture, I can see</u> a man wearing a blue shirt. <u>I think</u> he is using a computer. <u>On the right, there is</u> a railing and I can see some buildings in the background. <u>I can also see</u> a set of traffic lights, some flowers and perhaps some vehicles, too.

和訳

これはオープンカフェか広場の光景です。大勢の人々が見えます。左側では、数人の人々がいくつかの緑のパラソルの下で座っています。彼らはおしゃべりをしたりコーヒーを飲んだりしているのかもしれません。写真の中央に、青いシャツを着た男性が見えます。彼はコンピュータを使っているのだと思います。右側には柵があり、背景にはいくつか建物が見えます。信号といくつかの花と、そしていくつかの車両も見えます。

ボキャブラリー

□ a large number of	多数の	□ have a chat	雑談する
□ railing [réiliŋ]	图 柵	□ a set of	一組の
□ vehicle [ví:ikl]	图 車両		

✓ セルフチェックポイント

自 己 判 定

ポイント❶	場所の説明ができたか。	0 1 2 3
ポイント❷	見えるものの説明ができたか。	0 1 2 3
ポイント❸	人物の動作が説明できたか。	0 1 2 3
ポイント❹	見えるものの場所が説明できたか。	0 1 2 3
ポイント❺	人物の数が説明できたか。	0 1 2 3
ポイント❻	発音、イントネーション、アクセントは正しかったか。	0 1 2 3

Questions 4-6

Respond to questions

CD-26

Directions: In this part of the test, you will answer three questions. For each question, begin responding immediately after you hear a beep. No preparation time is provided. You will have 15 seconds to respond to Questions 4 and 5 and 30 seconds to respond to Question 6.

ディレクション: このパートでは、3つの質問に答えます。ピーッという音が鳴ったらすぐに、それぞれの質問に答え始めてください。準備時間はありません。Question4と5には15秒で、Question 6には30秒で答えてください。

Imagine that a British marketing firm is doing research in your country. You have agreed to participate in a telephone interview about bicycles.

和訳

イギリスの市場調査会社が、あなたの国でリサーチを実施しているとします。あなたは、自転車に関する電話インタビューを受けることに同意しています。

Speaking Test Two

Question4

When did you last ride a bicycle?

> **和訳**
>
> あなたはいつ、最後に自転車に乗りましたか。

> **解答例**

I last rode a bicycle <u>two days ago</u>. I rode it for about twenty minutes from my house to a local beach. Do you have any other questions?

> **和訳**
>
> 私が最後に自転車に乗ったのは、2日前です。私の家から地元のビーチまで、約20分乗りました。ほかに質問はありますか。

Question5

Where is a good place to ride a bicycle? Why?

> **和訳**
>
> 自転車に乗るのにいい場所はどこですか。それはなぜですか。

> **解答例**

<u>I think that</u> a good place to ride a bicycle is along the seafront. <u>I say this because</u> the views are amazing and the coastline is quite flat.

> **和訳**
>
> 自転車に乗るのにいい場所は、臨海地区だと思います。なぜなら、景色は素晴らしいし、海岸線はとても平らだからです。

Question6

What do you consider most carefully when buying a new bicycle?
(1) Design　　　　(2) Price　　　　(3) Brand

和訳

自転車を買うとき、もっとも注意することは何だと思いますか。
(1) デザイン　　　　(2) 値段　　　　(3) ブランド

解答例

I consider the price to be the most important. The reason is that a lot of bicycles in my area get stolen. If I buy an expensive bicycle, it is more likely to be stolen. Therefore, I always choose the cheapest bicycle that I can find. I'm not too fussy about the design or the brand.

和訳

私は、価格が最も大切であると考えます。その理由は、私の近所ではたくさんの自転車が盗まれるからです。もし私が高価な自転車を買ったら、盗まれる可能性が高いです。そのために、私はいつも、発見しうる中で最も安価な自転車を選びます。私は自転車のデザインやブランドには、それほどこだわりません。

ボキャブラリー

□ be likely to	〜しそうである	□ fussy	[fʌ́si]	細かい事にこだわる

✓ セルフチェックポイント

		自 己 判 定			
ポイント❶	Q4 で時について答えられたか。	0	1	2	3
ポイント❷	過去形を正しく使えたか。	0	1	2	3
ポイント❸	Q5 の質問を理解し、正しく答えたか。	0	1	2	3
ポイント❹	Q6 では何に注意するかしっかり表現できたか。	0	1	2	3
ポイント❺	Q6 では極端に話をそらさずに 30 秒話せたか。	0	1	2	3

Speaking Test Two

Questions 7-9 CD-30
Respond to questions using information provided

Directions: In this part of the test, you will answer three questions based on the information provided. You will have 30 seconds to read the information before the questions begin. For each question, begin responding immediately after you hear a beep. No additional preparation time is provided. You will have 15 seconds to respond to Questions 7 and 8 and 30 seconds to respond to Question 9.

ディレクション： このパートでは、提示される情報に基づいて3つの質問に答えます。質問が始まる前に、30秒、提示される情報を読む時間があります。ピーッという音を聞いたらすぐに、それぞれの質問に答え始めてください。準備時間はありません。Question 7と8には15秒で、Question 9には30秒で答えてください。

The Bailey Hotel – Guest Reservation System   Friday, June 1   09:34 A.M.

Room Number	Room Type	Guest Name	Duration	Requests
101	Single	Mr. Smith	1 night	Early check in
102	Double	Mr. & Mrs. Jackson	1 night	
103	Double	Vacant		
104	Twin	Vacant		
105	Single	Mr. Anderson	2 nights	Taxi to Airport (6 A.M.)
106	Single	Ms. George	1 night	
107	Double	Mr. & Mrs. Peters	2 nights	
108	Double	Mr. & Mrs. Saunders	4 nights	City View Room
109	Suite	Mr. & Mrs. Masters	3 nights	

〔Narrator〕

Good morning. This is Helen, the manager of the Bailey Hotel. I'd like to know about our occupancy rates for this evening and a few other things.

和訳

ベイリーホテル　お客様予約システム　6月1日金曜日　午前9時34分

部屋番号	部屋の種類	お客様の名前	期間	要望
101	シングル	スミス氏	1泊	アーリーチェックイン
102	ダブル	ジャクソン夫妻	1泊	
103	ダブル	空室		
104	ツイン	空室		
105	シングル	アンダーソン氏	2泊	空港へタクシー送迎（午前6時)
106	シングル	ジョージ様	1泊	
107	ダブル	ピーターズ夫妻	2泊	
108	ダブル	ソーンダーズ夫妻	4泊	街が見える部屋
109	スイート	マスターズ夫妻	3泊	

〔音声メッセージ〕

おはようございます。ベイリーホテルの支配人、ヘレンです。今晩の客室の稼働率と、ほかにいくつか知りたいことがあります。

Speaking Test Two

Question 7

How many rooms are currently vacant and which rooms are they?

和訳

現在、いくつの部屋が空き状態で、それらはどの部屋ですか。

解答例

Let me see. There are currently two vacant rooms. They are 103 and 104. Do you have any other questions?

和訳

そうですね。現在のところ2つの空室があります。それらは、103と104です。何かほかに質問はありますか。

Question8 　CD-32

I understand that Mr. & Mrs. Masters have booked a suite for five nights. That information is correct isn't it?

和訳

マスターズ夫妻はスイートルームを5泊予約していると私は理解しています。その情報は正しいですね。

解答例

<u>No, that is not correct.</u> Mr. & Mrs. Masters have booked the suite for three nights. Can I help you with anything else?

和訳

いいえ、それは違います。マスターズ夫妻はスイートルームを3泊予約しています。ほかに何かお手伝いしましょうか。

ボキャブラリー

☐ duration	[djuréiʃən]	图 継続時間	☐ vacant	[véikənt]	形 空の
☐ occupancy rate		部屋の稼働率	☐ currently	[kə́:rəntli]	副 今のところ
☐ suite room		スイートルーム			

Speaking Test Two

Question 9

Can you tell me which guests have made special requests and what they are?

> **和訳**
>
> どのお客様が特別なリクエストをしていて、それがどんな内容か、教えてもらえますか。

解答例

<u>Certainly</u>, Mr. Smith in Room 101 has requested an early check in. Mr. Anderson in Room 105 has asked for a taxi to the airport at 6:00 A.M. Finally, Mr. & Mrs. Saunders in Room 108 want a room with a city view.

> **和訳**
>
> かしこまりました、101号室のスミス氏はアーリーチェックインを希望しています。105号室のアンダーソン氏は午前6時に空港まで行くタクシーを希望しています。最後に、108号室のソーンダーズ夫妻は、街が見える部屋を希望しています。

✓ セルフチェックポイント	自 己 判 定
ポイント❶　長い時間をおかず各設問に答えられたか。	[0] [1] [2] [3]
ポイント❷　Q7 の部屋数と番号を正しく言えたか。	[0] [1] [2] [3]
ポイント❸　Q8 で、正しい答えを返せたか。	[0] [1] [2] [3]
ポイント❹　Q9 で、適切な内容を答えられたか。	[0] [1] [2] [3]
ポイント❺　Q9 で、大きな空白を置かずに 25 秒以上話せたか。	[0] [1] [2] [3]

Question10
Propose a solution

CD-34

Directions: In this part of the test, you will be presented with a problem and asked to propose a solution. You will have 30 seconds to prepare. Then you will have 60 seconds to speak.
In your response, be sure to
・show that you recognize the problem
・propose a way of dealing with the problem

ディレクション： このパートでは、提示された問題に対して解決策を提示します。準備時間は30秒です。そしてその後、60秒で話してください。
答えるときには、以下の事に注意してください。
・問題を把握していることを示す
・問題に対応する方法を提案する

Speaking Test Two

Hello, this is David, the owner of the Delaware Hotel. I have some comments that I want to pass on to you. As the manager of my hotel, it is your responsibility to make sure that we have sufficient staffing levels, highly trained staff, and that our guests receive the best possible service while staying at our hotel. However, I've just been reading online that several guests have complained about slow service during both breakfast and dinner. Furthermore, several guests have commented that the receptionists were unable to provide basic directions to local tourist attractions. I want you to call me back and let me know why these things are happening and what you propose to do about them. Call me, David at 555-3434. Thanks.

和訳

こんにちは、デラウェアホテルのオーナー、デイビッドです。あなたに伝えたいコメントがいくつかあります。当ホテルの支配人として、充分なスタッフのレベルと高度に訓練されたスタッフを我々が確実に持つようにすることと、お客様が滞在中、可能な限り最高のサービスを受けるよう取りはからうのがあなたの責任です。しかしながら私は、朝食中と夕食中の両方でのもたついたサービスに関して、何人かのお客様が苦情を書き込んでいるのをネットでちょうど読んでいるところです。さらに、数人のお客様は、フロント係が地元の観光地への基本的な道案内を提供できなかったとコメントしています。なぜこのようなことが起こっているのかと、これらについてあなたが何をするよう提案するか、折り返し電話で聞かせて下さい。デイビッドの電話番号は555-3434です。よろしく。

ボキャブラリー

語	発音	意味	語	発音	意味
pass on to		〜に伝える	responsibility	[rispɑ́nsəbíləti]	图 責任
sufficient	[səfíʃənt]	形 十分な	staffing	[stǽfiŋ]	图 スタッフの配置
trained	[tréind]	形 訓練を受けた	complain about		〜について文句を言う
furthermore	[fə́ːrðərmɔ̀ːr]	副 その上	receptionist	[risépʃənist]	图 フロント係
tourist attraction		観光地	available	[əvéiləbl]	形 手が空いている
deal with		〜に取り組む	indicate	[índikèit]	動 示す
dissatisfaction	[dìssætisfǽkʃən]	图 不満	aspect	[ǽspekt]	图 面
absence	[ǽbsəns]	图 不在;欠勤	extra	[ékstrə]	形 追加の
avoid	[əvɔ́id]	動 避ける	selection	[silékʃən]	图 選択
various	[vέəriəs]	形 さまざまな	reception desk		フロント

> 解答例　CD-35

Hello David. This is (your name) the hotel manager returning your call. I'm sorry I was not available to take your call; I was busy dealing with a guest. You mentioned that you had been reading comments left by our guests that indicated dissatisfaction with several aspects of their stay. The slow service at meal times was caused as a result of staff absences. I have put on extra staff during meal times to avoid this situation happening again. Second, I suggest that we contact the local tourism office and get a selection of free maps and guides in various languages. We can make a display area in the lobby near the reception desk. I can do that later today. If you want to talk to me about it, I will be here at the hotel until 4 P.M. Thanks.

> 和訳

こんにちは、デイビッド。ホテル支配人の（受験者の名前）から折り返しのご連絡です。接客で忙しかったため、あなたからの電話に出られなくて申し訳ありません。あなたは、私たちのお客さんたちが、彼らの宿泊中のいくつかの面について残した不満を表明するコメントを読んでいたと言いましたね。食事の時のもたもたしたサービスは、スタッフの欠勤が原因でした。このような事態が再び起こることを避けるために、食事の時間に追加のスタッフを投入しました。次に、私は地元の観光局に連絡をとり、さまざまな言語の無料の地図と観光ガイドを取りそろえることを提案します。私たちはフロント近くのロビーに展示スペースを設けられます。私は今日、後ほどそれをすることができます。もしそのことについて私と話をしたいのでしたら、午後4時までホテルにいます。よろしく。

✓ セルフチェックポイント	自 己 判 定
ポイント❶　謝罪を適切にできたか。	[0] [1] [2] [3] [4] [5]
ポイント❷　相手の問題を理解していることを示せたか。	[0] [1] [2] [3] [4] [5]
ポイント❸　分かりやすく具体的な解決策を提示できたか。	[0] [1] [2] [3] [4] [5]
ポイント❹　結びの提案や挨拶は適切にできたか。	[0] [1] [2] [3] [4] [5]
ポイント❺　大きな空白を作らず50秒以上話せたか。	[0] [1] [2] [3] [4] [5]

Speaking Test Two

Question 11
Express an opinion

🔵 CD-36

Directions: In this part of the test, you will give your opinion about a specific topic. Be sure to say as much as you can in the time allowed. You will have 15 seconds to prepare. Then you will have 60 seconds to speak.

ディレクション: このパートでは、特定のトピックについて意見を述べます。時間が許す限り、できるだけたくさん話してください。準備時間は15秒です。そしてその後、60秒で話してください。

Do you agree or disagree with the following statement? "The customer is always right." Give specific reasons and examples to support your opinion.

和訳
次の意見に賛成ですか、反対ですか。「お客さんは常に正しい」。あなたの意見を裏付ける、具体的な理由と例を挙げて下さい

🔵 CD-37

解答例 1

I do not agree with the statement and there are several reasons why. First, I believe that it sends a negative message to staff that the company they work for does not trust their judgment. There are some situations when a customer may be genuinely mistaken. Although employees should treat customers with respect and try to meet their requests, a company must also stand by its employees when the customer is blatantly wrong. The second reason why is that customers are increasingly rude, obnoxious, and sometimes downright hostile to employees. This is particularly true in the retail industry. I once worked in a department store and had to experience this kind of situation. I was not paid enough to put up with that kind of attitude from customers. The customer is often right but not always and I think that companies or employees should not be afraid to tell customers when they are wrong.

和訳

私は、その意見に反対ですし、これにはいくつかの理由があります。第一に、それは自分が働いている会社が、彼らの判断を信用していないというネガティブなメッセージをスタッフに与えてしまうと信じています。場合によっては顧客が純粋に間違っていることだってあります。従業員は敬意をもって顧客に接し、彼らの要求に応じるよう努めるべきではあるとはいえ、顧客が明らかに間違っている場合は、会社はその従業員の側に立たなければなりません。第二の理由は、顧客たちがますます無作法で感じが悪く、そして時折明らかに従業員に対して敵意をもつようになるからです。これは小売業界でもかなり当てはまっています。私はかつて、デパートで働いていたことがあり、このような状況を体験しなければならなかったことがあります。私は、顧客たちによるその種の態度を我慢するのに十分な給料を支払われていませんでした。顧客はしばしば正しいですが、いつもではありませんし、会社や従業員は顧客が間違っているときにそれを告げることを恐れてはいけないと思います。

ボキャブラリー

□ agree with		～に同意する	□ statement	[stéitmənt]	名	意見
□ negative	[négətirv]	形 否定の	□ genuinely	[dʒénjuinli]	副	純粋に
□ mistaken	[mistéikən]	形 誤った	□ stand by			～を支持する
□ blatantly	[bléitəntli]	副 明らかに	□ increasingly	[inkríːsiŋli]	副	ますます
□ obnoxious	[əbnákʃəs]	形 嫌な	□ downright	[dáunràit]	副	まったく
□ hostile	[hástl]	形 敵意を持った	□ particularly	[pərtíkjulərli]	副	特別に
□ retail industry		小売業界	□ attitude	[ǽtitjùːd]	名	態度

CD-38

解答例 2

<u>I agree and there are several reasons why</u>. As employees, we usually work at only one company. A customer <u>on the other hand</u> has the chance to visit many companies and can easily compare

good and bad service. As a result, the customer has a lot of experience and can often point out things that we as employees perhaps had not noticed. Furthermore, the customer will often tell friends about a poor experience they had at a store. We should always try to make the customer feel as if we are listening to their concerns and acting upon them.

和訳

私はそれに同意しますし、それにはいくつかの理由があります。従業員として、私たちは普段ただ1つの会社で働きます。一方、お客様は多くの会社を訪れ、良いサービスと悪いサービスを簡単に比べることができます。結果として、お客様は多くの経験を持っており、私たち従業員がもしかしたら気づかなかったことを指摘できることがよくあります。さらにお客様はしばしばその友人たちに、彼らが店で得た残念な経験を語ります。私たちは常に、お客様の関心事を聞き、それに従って行動していると、お客様に感じさせるよう努力しなくてはなりません。

ボキャブラリー

☐ employee	[implóiː]	名 従業員		☐ customer	[kʌ́stəmər]	名 顧客
☐ on the other hand		他方では		☐ compare	[kəmpéər]	動 比べる
☐ as a result		結果として		☐ point out		〜を指摘する
☐ notice	[nóutis]	動 気が付く		☐ furthermore	[fə́ːrðərmɔ̀ːr]	副 さらに
☐ poor	[púər]	形 乏しい		☐ feel as if		〜のように感じる
☐ concern	[kənsə́ːrn]	名 関心事		☐ act upon		〜にしたがって行動する

✓ セルフチェックポイント　　　　　　　　　　　　　自　己　判　定

ポイント❶	意見・主張を絞り込めたか。　　　　　　　　　　　０　１　２　３　４　５
ポイント❷	その理由をしっかり提示できたか。　　　　　　　　０　１　２　３　４　５
ポイント❸	具体例で説得力を増せたか。　　　　　　　　　　　０　１　２　３　４　５
ポイント❹	正しい語彙や構文を使えたか。　　　　　　　　　　０　１　２　３　４　５
ポイント❺	大きな空白を作らず 50 秒以上話せたか。　　　　　　０　１　２　３　４　５

Writing Test Two

Questions 1-5

Write a sentence based on a picture

Questions 1-5

Directions: In this part of the test, you will write ONE sentence that is based on a picture. With each picture, you will be given TWO words or phrases that you must use in your sentence. You can change the forms of the words, and you can use the words in any order.

Your sentence will be scored on
- the appropriate use of grammar and
- the relevance of the sentence to the picture

In this part, you can move to the next question by clicking on Next. If you want to return to a previous question, click on Back. You will have 8 minutes to complete this part of the test.

ディレクション： このパートでは、写真に基づく1文を書きます。それぞれの写真について、文中で使わなくてはならない2つの単語または句が与えられます。単語は形を変えてもよいですし、使う順番も問いません。
あなたの文は、
・文法の適切な使用と
・写真と文との関連性
以上2点について採点されます。
このパートでは、「Next」をクリックして次の問題に行けます。もし戻りたければ「Back」をクリックします。このパート全体で、回答時間は8分です。

Writing Test Two

Question1

table / sit

解答例

Some people are sitting at some tables.

和訳

数人の人々がいくつかのテーブルに座っています。

Question2

vase / next to

> 解答例

There is a vase of flowers next to a sofa.

> 和訳

ソファのとなりに花びんがあります。

Writing Test Two

Question3

book / on

解答例

Some books are on display in a store or library.

和訳

数冊の本が店か図書館に展示されています。

Question4

look / because

> 解答例

They are looking at the map because they are lost.

> 和訳

彼らは道に迷ってしまったので、地図を見ています。

Writing Test Two

Question5

train / in order to

解答例

The train is waiting at the station in order to allow passengers to board.

和訳

その電車は、乗客を乗り込ませるために駅で待っています。

✓ セルフチェックポイント		自己判定			
ポイント❶	Q1 の必須語を使って写真の内容を表現できたか。	0	1	2	3
ポイント❷	Q2 の必須語を使って写真の内容を表現できたか。	0	1	2	3
ポイント❸	Q3 の必須語を使って写真の内容を表現できたか。	0	1	2	3
ポイント❹	Q4 の必須語を使って写真の内容を表現できたか。	0	1	2	3
ポイント❺	Q5 の必須語を使って写真の内容を表現できたか。	0	1	2	3

Questions 6-7
Respond to a written request

Directions: In this part of the test, you will show how well you can write a response to an e-mail.
Your response will be scored on
- the quality and variety of your setences
- vocabulary
- organization

You will have 10 minutes to read and answer each e-mail.

ディレクション： このパートでは、メールに対して返事を書きます。
あなたのメールは、
・文の質とバリエーション
・語彙
・構成
以上3点で評価されます。
メールを読んで書くための時間は10分あります。

Question 6

Directions: Read the e-mail below.

From: David Jamieson
To: Jim Wilson
Subject: Welcome to Eaton Towers
Sent: May 1

As the building supervisor, I would like to welcome you to your new apartment. If you have any questions regarding our rules and regulations, please do not hesitate to get in touch with me.

Directions: Respond to the e-mail as if you are Jim Wilson, a new tenant. In your e-mail, ask THREE questions.

和訳

ディレクション： 次のメールを読みなさい。

差出人：デイビッド・ジェイミソン
宛先：ジム・ウィルソン
件名：イートン・タワーへようこそ
送信日：5月1日

管理人として、あなたを、あなたの新しいアパートに歓迎いたします。もし、我々のルールや規則について何か質問がありましたら、遠慮なくおたずねください。

ディレクション： 新しい入居者のジム・ウィルソンになったつもりで、返信メールを書きなさい。メールでは、3つの問題を説明しなさい。

ボキャブラリー

□ **supervisor** [súːpərvàizər] 名 管理者	□ **welcome** [wélkəm] 動 歓迎する
□ **regarding** [rigáːrdiŋ] 前 ～に関して	□ **regulation** [règjuléiʃən] 名 規則
□ **hesitate** [hézətèit] 動 ためらう	□ **get in touch with** ～に連絡を取る
□ **respond to** ～に応える	□ **tenant** [ténənt] 名 借家人

解答例

Dear Mr. Jamieson,

Thank you for your recent e-mail. I am delighted with my new apartment. I would like to ask you three questions .
First, when is the garbage collected? I looked in the lobby but I could not find any sign or notice. I know the location for garbage disposal but not the collection dates.
Second, where is a good place for my friends to park their cars if they visit me? I am assuming that they cannot use the car park for tenants, so can you suggest an alternative location?
Finally, what is the best way to get in touch with you in an emergency? I just want to make sure that I can get a hold of you should the need arise.
If you want to speak to me today, get in touch.

Thank you,

Jim Wilson

Writing Test Two

> 和訳

ジェイミソン様

先だってのメール、どうもありがとうございます。私は自分の新しいアパートを嬉しく思っています。私はあなたに3つの質問をさせていただきたいと思っています。

第一に、ごみの収集はいつでしょうか。ロビーを見ましたが、表示や掲示は見つけられませんでした。ごみ捨て場の場所は知っていますが、収集日はわからないのです。

第二に、私の友人が私を訪問する際に、彼らの車を駐車するのに良い場所はどこでしょうか。彼らは入居者の駐車場は使えないと思いますので、その代わりとなる場所を提案していただけないでしょうか。

最後に、緊急時にあなたと連絡を取る最良の手段は何でしょうか。私はただ、万一必要が生じたときにあなたと連絡が取れるということを確認したいのです。

もし今日私と話をなさりたいようでしたら、ご連絡をください。

よろしくお願いします。

ジム・ウィルソン

ボキャブラリー

☐ delighted	[diláitid]	形	喜んでいる	☐ garbage	[gá:rbidʒ]	名	ごみ
☐ collect	[kəlékt]	動	集める	☐ sign	[sáin]	名	表示
☐ notice	[nóutis]	名	掲示	☐ location	[loukéiʃən]	名	場所
☐ disposal	[dispóuzəl]	名	処分	☐ assume	[əsú:m]	動	みなす
☐ alternative	[ɔ:ltə́:rnətiv]	形	代わりの	☐ emergency	[imə́:rdʒənsi]	名	緊急事態
☐ arise	[əráiz]	動	生じる				

✓ セルフチェックポイント — 自己判定

ポイント❶	書き出しの挨拶はできたか。	0 1 2 3 4
ポイント❷	相手の要求を理解し3点の問題を提示できたか。	0 1 2 3 4
ポイント❸	内容に具体性があったか。	0 1 2 3 4
ポイント❹	正しい語彙や構文を使えたか。	0 1 2 3 4
ポイント❺	結びの言葉を正しく使えたか。	0 1 2 3 4

Question 7

Directions: Read the e-mail below.

From: Hilary Powers, Dalton Town News
To: Ben Silverton, Head of Public Relations, Associa Engineering
Subject: Job Creation
Sent: April 4

My name is Hilary Powers and I am a reporter with the local newspaper. I am hearing rumors that your company is planning to hire 500 new employees next month at your factory here in Dalton Town. If possible, I would like to set up an interview with you before the end of this week to find out more about it.

Directions: Respond to the e-mail as if you are Ben Silverton, the head of public relations at Associa Engineering. In your e-mail give ONE time that you are free and give TWO pieces of information.

和訳

ディレクション： 次のメールを読みなさい。

差出人：ヒラリー・パワーズ　ダルトン・タウン・ニュース
宛先：ベン・シルバートン　アソシア・エンジニアリング　広報部部長
件名：雇用創出
送信日：4月4日

私の名前はヒラリー・パワーズといいまして、私は地元紙の記者です。あなたの会社が来月、ここ

Writing Test Two

ダルトン・タウンの貴社の工場に、500人の新しい従業員を雇う計画だという噂を耳にしています。もし可能でしたら、このことについてもっと知るために、今週末までにあなたのインタビューをセッティングさせていただきたいのです。

ディレクション: アソシア・エンジニアリングの広報部部長のベン・シルバートンになったつもりで、返信メールを書きなさい。メールでは、都合のいい1つの日時と、2つの情報を提示しなさい。

ボキャブラリー

□ **public relations**	広報活動	□ **reporter** [ripɔ́ːrtər]	图	記者
□ **rumor** [rúːmər]	图 噂	□ **hire** [háiər]	動	雇う
□ **possible** [pásəbl]	圏 可能性がある	□ **respond to**		〜に応える

解答例

Dear Ms. Powers,

Thank you for your e-mail dated April 4.
I would like to give you one time that I am free and also give two pieces of information.
First, I am available for an interview tomorrow morning from 10:00 A.M. I will be able to speak to you for 30 minutes; however, I then have another meeting.
Second, we are actually hoping to recruit 600 new employees and not 500 as you mentioned. More than half of the jobs will be full-time positions. There is one final point that I should mention. Not all of the positions will be based at our Dalton Town factory. Although we envisage most of the positions being situated here, some of them will be based at our other factories around the country.
I look forward to seeing you tomorrow.

Sincerely,
Ben Silverton
Head of Public Relations
Associa Engineering

和訳

パワーズ様

4月4日にメールをいただきありがとうございます。
私の都合がつく時間を1つと、2つの情報をお送りします。
第一に、私は明日の朝10時から面接をすることが可能です。私はあなたと30分間、話ができます；その後、ほかのミーティングがあります。
第二に、私たちは実際のところ、あなたが言及した500人ではなく、600人の新しい従業員の採用を望んでいます。仕事の半分以上は、常勤職です。最後に1つ、申し上げることがあります。職種のすべてが私たちのダルトンタウン工場勤務なわけではありません。私たちはほとんどの職種がここに位置すると予想していますが、いくつかは私たちの国内各地の別の工場に位置します。
明日あなたとお会いするのを楽しみにしています。

敬具

ベン・シルバートン
広報部部長
アソシア・エンジニアリング

ボキャブラリー

語	発音	品詞	意味
☐ available	[əvéiləbl]	形	手が空いている
☐ recruit	[rikrúːt]	動	採用する
☐ envisage	[invízidʒ]	動	予測する
☐ look forward to			～を楽しみに待つ
☐ actually	[ǽktʃuəli]	副	実際は
☐ position	[pəzíʃən]	名	勤め口
☐ situated	[sítʃuèitid]	形	位置している

✓ セルフチェックポイント

		自己判定
ポイント❶	書き出しの挨拶はできたか。	0 1 2 3 4
ポイント❷	相手の要求を理解し1つの日時と2つの情報を提示できたか。	0 1 2 3 4
ポイント❸	内容に具体性があったか。	0 1 2 3 4
ポイント❹	正しい語彙や構文を使えたか。	0 1 2 3 4
ポイント❺	ビジネスメールとしてふさわしい文体だったか。	0 1 2 3 4

Writing Test Two

Question8

Write an opinion essay

Directions: In this part of the test, you will write an essay in response to a question that asks you to state, explain, and support your opinion on an issue. Typically, an effective essay will contain a minimum of 300 words.

Your response will be scored on
- whether your opinion is supported with reasons and examples
- grammar
- vocabulary
- organization

You will have 30 minutes to plan, write, and revise your essay.

ディレクション： このパートでは、ある問題についてあなたに意見、説明、そして意見の裏付けを要求する質問に対して作文をします。一般に、効果的な作文を書くには少なくとも300語が必要です。
あなたの解答は、
・理由や例によってあなたの意見が裏付けられているか
・文法
・語彙
・構成
以上の4点で評価されます。
作文を考えて、書いて、見直しをするための時間は30分間です。

Directions: Read the question below. You have 30 minutes to plan, write, and revise your essay.

Prior to attending a job interview, which of the following do you spend the most time doing?
(A) Selecting the right clothing
(B) Researching the company
(C) Doing mock interview practice

> **和訳**

ディレクション： 次の質問を読みなさい。内容を考えて、書いて、見直しをするための時間は30分間です。

就職の面接に出席するに先立って、次のどのことに、あなたは最も時間を使いますか。
(A) 適切な服を選ぶこと
(B) その会社について調べること
(C) 模擬面接の練習をすること

ボキャブラリー

□ prior to		～より前に	□ attend	[əténd]	動 出席する
□ research	[rìrsə́ːrtʃ]	動 調査する	□ mock interview		模擬面接

Writing Test Two

> 解答例 1

Before attending a job interview, I try to learn as much as I can about the company and there are several reasons for this. It enables me to predict the questions that will be asked, it provides me with information that I can ask about during the interview, and it helps me to relax during the interview itself.

<u>First</u>, the more that I know about the company prior to the interview, the better I can predict the questions that will come up during the interview. About ten years ago, I applied for a position with a shipping company. I learned that the company encourages its employees to spend time working at its overseas locations. I correctly guessed that during the interview I would be asked about my foreign language ability and whether or not I would like to work in another country. By researching the company before the interview, I could stay one step ahead of the interviewer.

<u>The second reason is that</u> I always take the opportunity to ask the interviewer questions during the interview. I believe that when a candidate responds with "no" to the question "Do you have any questions?" they have made a fatal mistake. During my interview I asked about the new routes In Spain and whether the interviewer had seen the new ships yet. The interviewer was really impressed.

<u>Finally</u>, by having researched the company, I feel more relaxed during my interview. I know that many books say that first impressions count and we have to think about our posture and

the color of our tie but that to me is basic common sense. When five hundred people apply for fifty positions, I think that you have to stand out from the crowd, not blend in with it. I'm not saying a candidate should wear jeans, a t-shirt, and slouch in the chair when attending an interview at a bank or similar place, but I don't think the color of a tie or shirt is as important as knowing about the company.

<u>In conclusion</u>, I always spend a lot of time on researching the company prior to a job interview. It allows me to better predict the questions that will be asked, it gives me ideas as to what to ask about during the interview, and it helps me to perform much better during the interview itself. <u>As a result,</u> I have never failed a job interview in my life thus far.

和訳

　就職の面接に参加する前に、私はその会社についてできるだけ多くのことを学ぼうと努めますし、これにはいくつかの理由があります。会社について学ぶことで、面接でたずねられる質問を予測することができますし、面接中に質問できる情報が手に入りますし、面接自体の間もリラックスしていられるようになります。

　第一に、面接に先だってその会社についてより多く知るほど、面接中に聞かれる質問をより良く予想することができるようになります。10年ほど前、私は輸送会社への就職を志願しました。私は、その会社が従業員たちに、海外で働くことを奨励していることを知りました。私は、私の外国語の能力についてや、私が外国で働きたいかどうかを面接で聴かれるだろうということを正確に予測できました。面接の前にその会社について調べることで、私は面接官の一歩先を行くことができました。

　第二の理由は、私はいつもその機会を利用して、面接では面接官に質問をします。私は、「何か質問はありますか」という質問に対して志願者が「いいえ」と返事をすることは、致命的なミスであると信じています。私の面接の間、私はスペインでの新しい航路についてと、面接官がその新しい船を見たことがあるかどうかについて質問しました。その面接官はとても感心していました。

　最後に、その会社について調べることによって、私は面接の間、よりリラックスした気分になります。私は、第一印象が重要で、私たちは自分の姿勢やネクタイの色について考えなくてはならないと多くの本が言っていることを知っていますが、それは私にとっては、基本的な常識なのです。500人が50の定員に志願するとき、ほかの大勢に混ざってしまうのではなく、目立たなくてはならない

と思います。私は、銀行のような場所での面接において、志願者にジーンズとTシャツを着てだらしない姿勢で椅子に座れと言っているのではなく、ネクタイやシャツの色は、その会社について知ることほど大事だとは思わないと言いたいのです。

　最後に、私はいつも就職面接に先駆けて、その会社について調べることにたくさんの時間を費やします。それによって先方が私にたずねる質問をより良く予想できるようになり、面接でこちらから何を質問すべきかについてアイデアをもたらしてくれ、そして面接の際にずっとよい受け答えをする助けになるのです。結果として、これまで私は一度も就職面接で失敗したことはありません。

ボキャブラリー

□ predict	[pridíkt]	動	予測する	□ provide	[prəváid]	動	提供する
□ applied for			〜に応募する	□ shipping company			輸送会社
□ encourage	[inkə́ːridʒ]	動	促す	□ overseas	[òuvərsíːz]	形	海外の
□ correctly	[kərék tli]	副	正しく	□ ability	[əbíləti]	名	能力
□ opportunity	[ɑ̀pərtjúːnəti]	名	機会	□ candidate	[kǽndideit]	名	志願者
□ respond	[rispánd]	動	応答する	□ fatal	[féitl]	形	致命的な
□ route	[rúːt]	名	航路	□ impress	[imprés]	動	印象を与える
□ impression	[impréʃən]	名	印象	□ count	[káunt]	動	重要である
□ posture	[pástʃər]	名	位置	□ common sense			常識
□ stand out from			〜の中で目立つ	□ crowd	[kráud]	名	集団
□ blend in with			〜と混じり合う	□ slouch	[sláutʃ]	名	だらけた姿勢をする
□ perform	[pərfɔ́ːrm]	動	演じる	□ fail	[féil]	動	失敗する
□ thus far			これまで				

解答例 2

Although I do spend time thinking about my clothing and learning about the company, I spend most of my time practicing for the interview itself and there are several reasons for this.

The first is based on my own experience while at university. To be honest, I was quite overconfident for my first job interview. I went to one of the top universities in Britain and I thought that any company would welcome me with open arms as a result. However, although I wore my expensive new suit and had read the company prospectus, I was totally unprepared for the interview questions. Needless to say, I didn't get the job but it was a useful lesson in understanding the importance of preparation. Consequently, I really practiced hard for any future interviews by having my friends ask me questions or writing out answers on bits of paper and rehearsing.

The second is that by practicing questions, we can fine tune our answers. Our first answer is not always our best. This test is a similar situation because I have only 30 minutes to write my answer. I'm sure that later today, I will think of an even better response to this question, and the same thing often happens in job interviews. By practicing, we can either shorten or lengthen our responses to make them sound more concise or detailed, and also consider alternative responses. Furthermore we can work on our body language and gestures while practicing with a friend.

The final reason is that we can never be sure of the questions that we will be asked during an interview. Although most interviews follow a generic path of "Why do you want this job?", "Why should we hire you?" type questions, we can never be fully prepared for a random question. I was once asked by an interviewer to explain why people playing cricket wear white sweaters. He had seen on my résumé that I enjoyed playing cricket and really wanted to know the answer. I had to tell him that I had no idea but that I had been playing since I was 11 years old. At least I had practiced responding to some similar types of question so I was kind of ready even though I couldn't answer the question.

In summary, I spend most of my time practicing interview

questions and doing mock interviews. It helps me to refine my answers, feel more confident and to better deal with unexpected questions.

> 和訳

　自分の衣類を考えたりその会社のことを学んだりするために時間を使うことはありますが、私は自分の時間のうちほとんどを、面接自体の練習をするために使いますし、これにはいくつかの理由があります。
　最初は、私の大学時代の経験に基づいています。正直なところ、私は最初の就職面接に当たって、非常にうぬぼれていました。私は英国でもトップの大学に行っていて、その結果どの会社も心から私を歓迎すると思っていました。しかしながら、高価で新しいスーツを着て、会社案内を読んだにもかかわらず、私は面接でされる質問に対して完全に準備不足でした。もちろん私は仕事を得られませんでしたが、それは準備の大切さを理解するのに有効な教訓となりました。その結果私は、友だちに質問をしてもらったり、答えを紙に書き出してリハーサルをしたりして、将来のどんな面接に対しても、本当に一生懸命稽古をしました。
　2つ目は、質問を練習することで、私たちは答えを手直しできるのです。最初の答えが常に最高の回答になるわけではありません。このテストも、解答を書く時間が30分しかないわけですから、同じような状況です。もちろん今日この後、この質問に対するより良い回答について考えるでしょうし、同じことは就職面接でもしばしば起こります。練習することによって、私たちは自分の回答を、より簡潔もしくは詳細に聞こえるように、短くも長くもできますし、別の回答を考えることさえもできます。その上、友だちと練習しながら、身ぶり手ぶりやジェスチャーを研究することもできるのです。
　最後の理由は、面接の間にどんな質問をされるかということは、私たちには確信を持てないということです。ほとんどの面接が「なぜこの仕事をしたいのか」「我々はなぜあなたを雇うべきなのか」などといったタイプの一般的な道筋に沿った質問をしますが、私たちは任意の質問に対して完全に準備することはできません。私は以前面接官から、なぜクリケットをする人々は白いセーターを着るのか説明するよう求められたことがあります。彼は、私がクリケットをするのを楽しんでいると履歴書に書かれているのを見て、本当に答えが知りたかったのです。私は彼に、11歳の時からプレイしているが、まったくわかりませんと答えなければなりませんでした。少なくとも、私はこれに似たタイプの質問への回答を練習していましたから、その質問には答えられませんでしたが多少は準備ができていたのです。
　手短に言うと、私は面接の質問の練習をしたり模擬面接をしたりすることに自分のほとんどの時間を使います。それが自分の回答を改良し、以前より自信をつけ、そして予想外の質問によりうまく対応するのに役立つからです。

ボキャブラリー

☐ to be honest		正直に言えば	☐ overconfident [òuvərkάnfədənt] 形		自信過剰な
☐ welcome	[wélkəm] 動	歓迎する	☐ with open arms		心から喜んで
☐ as a result		結果として	☐ company prospectus		会社案内
☐ totally	[tóutəli] 副	完全に	☐ unprepared [ʌnpripéərd] 形		準備ができていない
☐ needless to say		もちろん	☐ lesson	[lésn] 名	教訓
☐ consequently	[kάnsəkwèntli] 副	その結果	☐ bit of paper		紙切れ1枚
☐ rehearse	[rihə́ːrs] 動	稽古する	☐ fine tune		手直しする
☐ I'm sure that		〜だと確信している	☐ response	[rispάns] 名	回答
☐ shorten	[ʃɔ́ːrtn] 動	短くする	☐ lengthen	[léŋkθən] 動	長くする
☐ concise	[kənsáis] 形	簡潔な	☐ detailed	[ditéild] 形	詳細な
☐ alternative	[ɔːltə́ːrnətiv] 形	代わりの	☐ work on		〜の改善に取り組む
☐ generic	[dʒənérik] 形	全体的な；一般的な	☐ path	[pǽθ] 名	道筋
☐ random	[rǽndəm] 形	任意の	☐ interviewer	[íntərvjùːər] 名	面接官
☐ résumé	[rézumèi] 名	履歴書	☐ have no idea		全く分からない
☐ in summary		要約すると	☐ mock interview		模擬面接
☐ refine	[rifáin] 動	改良する	☐ feel confident		自信がある
☐ deal with		〜に対応する	☐ unexpected [ʌnikspéktid] 形		予想外の

✓ セルフチェックポイント

		自 己 判 定
ポイント❶	意見・主張を絞り込めたか。	0 1 2 3 4 5
ポイント❷	その理由をしっかり提示できたか。	0 1 2 3 4 5
ポイント❸	具体例で説得力を増せたか。	0 1 2 3 4 5
ポイント❹	正しい語彙や構文を使えたか。	0 1 2 3 4 5
ポイント❺	意見や主張が首尾一貫していたか。	0 1 2 3 4 5

Speaking & Writing Test Three

Speaking Test

Questions 1-2
Read a text aloud ································ 114

Question 3
Describe a picture ································ 118

Questions 4-6
Respond to questions ································ 120

Questions 7-9
Respond to questions using information provided ··············· 123

Question 10
Propose a solution ································ 128

Question 11
Express an opinion ································ 131

Writing Test

Questions 1-5
Write a sentence based on a picture ··············· 134

Questions 6-7
Respond to a written request ··············· 140

Question 8
Write an opinion essay ··············· 147

Speaking Test Three

Questions 1-2
Read a text aloud

CD-39

Question 1

Directions: In this part of the test, you will read aloud the text on the screen. You will have 45 seconds to prepare. Then you will have 45 seconds to read the text aloud.

ディレクション: このパートでは、画面に表示されるテキストを音読します。準備時間は45秒あります。そしてその後、あなたは45秒でテキストを音読します。

The winner of this month's "Employee of the Month" is Sarah Adams. Sarah has been selected because of her exemplary attendance record, her efforts in organizing the annual company gala, and for being a diligent and hardworking member of staff. Sarah will receive a $500 gift voucher which she can spend on whatever she likes.

> **和訳**
>
> 「今月の従業員賞」を今月勝ち取ったのは、サラ・アダムスです。サラはその模範的な出勤記録と、年に1度の会社の祭典を企画するうえでの努力、そして、熱心で勤勉なスタッフであるという理由で選ばれたのです。サラは、何でも好きなことに使える500ドルの商品券を受け取ることになっています。

Speaking Test Three

解答例

The **winner** / of this month's "**Employee of the Month**" / is **Sarah Adams.** / **Sarah** has been **selected** / because of her **exemplary attendance record,** / her **efforts** in **organizing** the **annual company gala,** / and for being a **diligent** and **hardworking member** of **staff**. / **Sarah will receive** a **$500 gift voucher** / which she can **spend** / on **whatever** she **likes.** /

☆太字の語句は、やや強く読みましょう。

ボキャブラリー

☐ exemplary	[ɪɡzémpləri]	形 模範的な	☐ attendance	[əténdəns]	名 出勤
☐ effort	[éfərt]	名 努力	☐ organize	[ɔ́ːrɡənàiz]	動 企画する
☐ annual	[ǽnjuəl]	形 年に1度の	☐ gala	[ɡéilə]	名 祭典
☐ diligent	[dílədʒənt]	形 勤勉な	☐ gift voucher		商品券

✓ セルフチェックポイント | 自 己 判 定

ポイント❶	45秒以内に読み終わったか。	0 1 2 3
ポイント❷	何回も止まってしまわなかったか。	0 1 2 3
ポイント❸	機能語を強く読み過ぎなかったか。	0 1 2 3
ポイント❹	英文の内容を考えながら読めたか。	0 1 2 3
ポイント❺	[l]と[r]の違いを意識できたか。	0 1 2 3

Question2

CD-41

Directions: In this part of the test, you will read aloud the text on the screen. You will have 45 seconds to prepare. Then you will have 45 seconds to read the text aloud.

ディレクション： このパートでは、画面に表示されるテキストを音読します。準備時間は45秒あります。そしてその後、あなたは45秒でテキストを音読します。

Energy Wise, the nation's leading supplier of electricity, has today announced that its prices are predicted to increase by approximately 8% by the end of this year. The company attributes the increases to growing demand coupled with reduced supply and other factors. Upon the announcement of the news, the company's stock price rose by thirty cents.

和訳

国内有数の電力会社であるエナジー・ワイズは本日、電力価格がおよそ8％、今年の終わりまでに上昇する見込みだと発表しました。同社はその上昇を、減少した供給やほかの要因に加えて需要が高まっているためだとしています。このニュースを受けて、同社の株価は30セント上昇しました。

Speaking Test Three

解答例

Energy Wise, / the **nation's leading supplier** of **electricity,** / has **today announced** / that its **prices** are **predicted** to **increase** / by **approximately 8%** / by the **end** of this **year.** / The **company attributes** the **increases** / to **growing demand** / **coupled** with **reduced supply** / and **other factors.** / Upon the **announcement** of the **news,** / the **company's stock price rose** / by **thirty cents.** /

☆太字の語句は、やや強く読みましょう。

ボキャブラリー

英単語	発音	品詞	意味
☐ leading	[líːdiŋ]	形	一流の
☐ electricity	[ilektrísəti]	名	電気
☐ predict	[pridíkt]	動	予測する
☐ attribute	[ətríbjuːt]	動	～のせいにする
☐ coupled	[kʌpld]	形	連動した
☐ factor	[fæktər]	名	要因
☐ stock price			株価
☐ supplier	[səpláiər]	名	供給(業)者
☐ announce	[ənáuns]	動	公表する
☐ approximately	[əpráksəmətli]	副	およそ
☐ demand	[dimænd]	名	需要
☐ supply	[səplái]	名	供給
☐ announcement	[ənáunsmənt]	名	告知

✓ セルフチェックポイント　　自　己　判　定

ポイント❶	45秒以内に読み終わったか。	0	1	2	3
ポイント❷	何回も止まってしまわなかったか。	0	1	2	3
ポイント❸	機能語を強く読み過ぎなかったか。	0	1	2	3
ポイント❹	英文の内容を考えながら読めたか。	0	1	2	3
ポイント❺	自然なイントネーションで読めたか。	0	1	2	3

Question 3
Describe a picture

CD-43

Question 3

Directions: In this part of the test, you will describe the picture on your screen in as much detail as you can. You will have 30 seconds to prepare your response. Then you will have 45 seconds to speak about the picture.

ディレクション: このパートでは、画面に表示される写真について、できるだけ詳しく描写します。準備時間は30秒あります。そしてその後、あなたは45秒で写真について話してください。

Speaking Test Three

🔴 CD-44

解答例

<u>This is a picture of</u> the inside of a train station or airport. <u>There are</u> many people in the photograph. Almost all of the people <u>appear to be</u> walking in the same direction. <u>Perhaps</u> they are passengers going somewhere nice. <u>In the middle of the picture, I can see</u> a lady and a luggage cart. <u>On the right, there is</u> a kind of walkway with railings. However, most people are walking on the left side. <u>In the background, I can see</u> a clock and some shops. <u>I can also see</u> some reflections on the ground.

和訳

これは鉄道の駅か空港の内部の写真です。写真には大勢の人々がいます。ほとんどの人々は、同じ方向に向かって歩いているように見えます。おそらく彼らは、どこかいいところへ向かっている乗客なのでしょう。写真の中央に、1人の女性と荷物用のカートが見えます。右側には、手すりのついた通路があります。しかし、ほとんどの人々は左側を歩いています。後ろの方に、1つの時計といくつかの店が見えます。また床の上にはいくつかの反射が見えます。

ボキャブラリー

☐ **appear to be**		〜のように見える	☐ **direction** [dirékʃən]	名	方向
☐ **passenger** [pǽsəndʒər]	名	乗客	☐ **luggage** [lʌ́gidʒ]	名	荷物
☐ **walkway** [wɔ́ːkwèi]	名	通路	☐ **railing** [réiliŋ]	名	手すり
☐ **reflection** [riflékʃən]	名	反射			

✓ セルフチェックポイント

		自 己 判 定
ポイント❶	場所の説明ができたか。	0 1 2 3
ポイント❷	見えるものの説明ができたか。	0 1 2 3
ポイント❸	人物の動作が説明できたか。	0 1 2 3
ポイント❹	見えるものの場所が説明できたか。	0 1 2 3
ポイント❺	大きな空白を作らず45秒近く話せたか。	0 1 2 3
ポイント❻	発音、イントネーション、アクセントは正しかったか。	0 1 2 3

Questions 4-6

Respond to questions

Directions: In this part of the test, you will answer three questions. For each question, begin responding immediately after you hear a beep. No preparation time is provided. You will have 15 seconds to respond to Questions 4 and 5 and 30 seconds to respond to Question 6.

ディレクション： このパートでは、3つの質問に答えます。ピーッという音が鳴ったらすぐに、それぞれの質問に答え始めてください。準備時間はありません。Question4と5には15秒で、Question 6には30秒で答えてください。

Imagine that a Canadian marketing firm is doing research in your country. You have agreed to participate in a telephone interview about television sets.

和訳

カナダの市場調査会社が、あなたの国でリサーチを実施しているとします。あなたは、テレビに関する電話インタビューを受けることに同意しています。

Question 4

How long have you had your current television set?

和訳

今のテレビをどのぐらいの間所有していますか。

Speaking Test Three

> 解答例

I have had my current television set for about five years. I bought it at a local appliance store. Do you have any other questions?

> 和訳

私は、今のテレビを大体5年間所有しています。私はそれを地元の家電販売店で買いました。ほかに質問はありますか。

CD-47

Question5

Do you have any plans to replace your current television set? Why, or why not?

> 和訳

今のテレビを交換する予定はありますか。それはなぜですか。

> 解答例

Not really. I'm happy with my current set. Although some newer televisions offer 3D and other gimmicks, I don't see the need to upgrade yet.

> 和訳

あまりないです。私は今のテレビに満足しています。いくつかのより新しいテレビは3Dやほかのしかけを提供してくれますが、私はまだ、グレードアップする必要はありません。

ボキャブラリー

英語	発音	品詞	意味	英語	発音	品詞	意味
☐ imagine	[imǽdʒin]	動	想像する	☐ marketing firm			市場調査会社
☐ research	[risə́ːrtʃ]	名	調査	☐ participate in			〜に参加する
☐ current	[kə́ːrənt]	形	現在の	☐ local	[lóukəl]	形	地元の
☐ appliance store			家電販売店	☐ replace	[ripléis]	動	取り換える
☐ Not really.			別に(それほどでも)。	☐ offer	[ɔ́ːfər]	動	提供する
☐ gimmick	[gímik]	名	仕掛け	☐ upgrade	[ʌpgréid]	動	性能を上げる

Question6

When purchasing a television set, which of the following do you consider to be the most important?
(1) Price　　　(2) Functions　　　(3) Size

> 和訳

テレビを購入する際に、次のどれがいちばん重要だと考えますか。
(1) 値段　　　(2) 機能　　　(3) サイズ

> 解答例

Although I do consider the price and the functions, nothing is as important to me as size when it comes to choosing a television. I believe that the larger the screen, the better the viewing experience will be. If I could, I would buy one of those enormous televisions that I sometimes see in bars and hang it on my wall.

> 和訳

価格と機能については良く考えますが、テレビ選びにおいて、私にとってサイズよりも大事なものはありません。私は、画面が大きいほど、視聴体験はより良くなるだろうと信じています。もしできるなら、ときどきバーで見かけるような巨大なテレビを買って、自宅の壁にかけるでしょう。

ボキャブラリー

□ purchase	[pə́ːrtʃəs]	動	購入する	□ when it comes to		～のことになると
□ viewing	[vjúːiŋ]	名	見ること	□ enormous	[inɔ́ːrməs]	形 巨大な

✓ セルフチェックポイント

		自己判定			
ポイント❶	Q4 で期間について答えられたか。	0	1	2	3
ポイント❷	期間を表す表現を正しく使えたか。	0	1	2	3
ポイント❸	Q5 の質問を理解し、正しく答えたか。	0	1	2	3
ポイント❹	Q6 ではどれを選ぶかしっかり表現できたか。	0	1	2	3
ポイント❺	Q6 では極端に話をそらさずに 30 秒話せたか。	0	1	2	3

Speaking Test Three

Questions 7-9
Respond to questions using information provided

🔴 **CD-49**

Directions : In this part of the test, you will answer three questions based on the information provided. You will have 30 seconds to read the information before the questions begin. For each question, begin responding immediately after you hear a beep. No additional preparation time is provided. You will have 15 seconds to respond to Questions 7 and 8 and 30 seconds to respond to Question 9.

ディレクション： このパートでは、提示される情報に基づいて3つの質問に答えます。質問が始まる前に、30秒、提示される情報を読む時間があります。ピーッという音を聞いたらすぐに、それぞれの質問に答え始めてください。準備時間はありません。Question 7と8には15秒で、Question 9には30秒で答えてください。

Appleton Town Careers Fair
Appleton Conference Center, September 5

Morning Seminars

9:00 – 11:00	**"Careers in Nursing"** – Linda Davidson, Appleton Health Services	Room 13A, 2nd Floor
9:00 – 12:00	**"Careers in Banking"** – John Adams, National Bank	Room 7A, 1st Floor
10:00 – 12:00	**"Careers in Publishing"** – Peter Radcliffe, Editor, Century Books	Room 10B, 1st Floor
10:00 – 12:00	**"Careers in Retail"** – Melanie Atkins, Manager, Associa Fashions	Room 13A, 2nd Floor

Afternoon Seminars

2:00 – 4:00	**"Careers in Accountancy"** – Jennifer Simpson, National Bank	Room 7A, 1st Floor
2:00 – 4:00	**"Careers in Hospitality"** – Susan Levitt, Manager, Appleton Resorts	Room 13A, 2nd Floor

〔Narrator〕

Good morning, my name is John Adams and I'm calling from the National Bank. I'm going to be delivering a seminar on September 5, however, I've lost my copy of the schedule for the upcoming careers fair and I would like to check some details.

ボキャブラリー

□ careers fair		就職フェア	□ conference center		会議場
□ seminar	[sémənɑːr]	图 セミナー	□ nursing	[nə́ːrsiŋ]	图 看護(の仕事)
□ banking	[bǽŋkiŋ]	图 銀行業	□ publishing	[pʌ́bliʃiŋ]	图 出版業
□ retail	[ríːteil]	图 小売り	□ accountancy	[əkáuntənsi]	图 会計士の職
□ hospitality	[hɑ̀spətǽləti]	图 もてなし	□ deliver	[dilívər]	動 (演説を)する
□ upcoming	[ʌ́pkʌ̀miŋ]	形 今度の	□ detail	[díːteil]	图 詳細

Speaking Test Three

> 和訳

```
            アップルトンタウン就職説明会
              アップルトン会議場、9月5日
```

午前のセミナー

9:00 – 11:00	"看護の仕事" ―リンダ・デビッドソン、アップルトン・ヘルスサービス	13A号室、2階
9:00 – 12:00	"銀行の仕事"―ジョン・アダムズ、ナショナル銀行	7A号室、1階
10:00 – 12:00	"出版の仕事" ―ピーター・ラドクリフ、編集者、センチュリー出版	10B号室、1階
10:00 – 12:00	"小売りの仕事" ―メラニー・アトキンス、経営者、アソシア・ファッションズ	13A号室、2階

午後のセミナー

| 2:00 – 4:00 | "会計士の仕事"―ジェニファー・シンプソン、ナショナル銀行 | 7A号室、1階 |
| 2:00 – 4:00 | "接客の仕事"
―スーザン・レヴィット、経営者、アップルトン・リゾーツ | 13A号室、2階 |

〔音声メッセージ〕
おはようございます、私はナショナル銀行のジョン・アダムスです。9月5日にセミナーを行いますが、私は、今度の就職説明会のスケジュールのコピーをなくしてしまったので、詳細について少し確認したいのです。

Question 7

Can you tell me what time my seminar begins and which room it will be held in?

> 和訳

私のセミナーは、いつ、どの部屋で始まるか教えてもらえますか。

| 解答例 |

Let me see. <u>Your seminar begins at 9:00 A.M. and it will be held in room 7A.</u> Do you have any other questions?

| 和訳 |

そうですね。あなたのセミナーは午前9時スタートで、7Aの部屋で催されます。ほかに何か質問はありますか。

Question8

Is my colleague from the National Bank also going to be speaking in the morning?

| 和訳 |

ナショナル銀行の私の同僚も、午前中にスピーチするのでしょうか。

| 解答例 |

<u>No.</u> Jennifer Simpson will be giving a seminar in the afternoon from two o'clock to four o'clock. Would you like to ask me anything else?

| 和訳 |

いいえ。ジェニファー・シンプソン様が午後の2時から4時まで、セミナーを行います。何かほかにご質問はありますか。

Speaking Test Three

Question9

CD-52

Aside from National Bank, which other companies are going to be holding seminars?

和訳

ナショナル銀行は別として、どんなほかの会社がセミナーをしますか。

解答例

Let me see. In the morning representatives from Appleton Health Services, Century Books, and Associa Fashions will be in attendance. In the afternoon, the manager of Appleton Resorts will be there. Do you have any other questions?

和訳

そうですね。午前中は、アップルトン・ヘルスサービスとセンチュリー出版とアソシア・ファッションズの代表が出席します。午後には、アップルトン・リゾーツの経営者が出席します。ほかに何か質問はありますか。

ボキャブラリー

colleague [kάli:g] 同僚	aside from	~はさておき
representative [rèprɪzéntətɪv] 代表者	in attendance	出席して

セルフチェックポイント

	自己判定
ポイント❶ 長い時間をおかず各設問に答えられたか。	0 1 2 3
ポイント❷ Q7の時刻と場所を正しく言えたか。	0 1 2 3
ポイント❸ Q8で、正しい答えを返せたか。	0 1 2 3
ポイント❹ Q9で、正しい答えを返せたか。	0 1 2 3
ポイント❺ Q9で、大きな空白を置かずに25秒以上話せましたか。	0 1 2 3

Question 10
Propose a solution

Directions: In this part of the test, you will be presented with a problem and asked to propose a solution. You will have 30 seconds to prepare. Then you will have 60 seconds to speak.
In your response, be sure to
· show that you recognize the problem
· propose a way of dealing with the problem

ディレクション： このパートでは、提示された問題に対して解決策を提示します。準備時間は30秒です。そしてその後、60秒で話してください。
答えるときには、以下の事に注意してください。
・問題を把握していることを示す
・問題に対応する方法を提案する

Hi, Kenji. This is Mary from the Sales & Marketing department. I was wondering if you could help me. You see, next month I am due to go on a six-week posting at our Tokyo branch office. I'm quite excited but nervous at the same time. I've bought a guidebook and that was useful for learning about the country itself, but I am still unsure about Japanese business culture. Being from Japan, could you give me some advice as to how to make a good first impression when I arrive at the Tokyo office and any tips about how to avoid any cultural misunderstandings? Thanks. This is Mary and you can reach me at extension 7.

Speaking Test Three

> **和訳**

こんにちは、ケンジ。こちらは営業部のメアリーです。手伝ってもらえるでしょうか。ご存知でしょうが、来月、私は6週間、東京支社に配属されることになっています。私はとてもワクワクしていますが、同時に、不安でもあります。私はガイドブックを購入し、それはその国自体について学ぶには役立ちましたが、日本のビジネス文化についてはまだ確信がもてません。東京支社に着いた際に、いい第一印象を与えるためのアドバイスと、文化的な誤解を避けることについてのヒントを、日本生まれのあなたからいただけないでしょうか。よろしくお願いします。こちらはメアリー、内線7番までお電話ください。

> **ボキャブラリー**

☐ sale	[séil]	名 販売	☐ marketing	[mɑ́ːrkitiŋ]	名	マーケティング
☐ department	[dipɑ́ːrtmənt]	名 部署	☐ be due to			～することになっている
☐ posting	[póustiŋ]	名 任命	☐ branch office			支社
☐ business culture		ビジネス文化	☐ impression	[impréʃən]	名	印象
☐ avoid	[əvɔ́id]	動 避ける	☐ cultural	[kʌ́ltʃərəl]	形	文化の
☐ misunderstanding	[mìrsʌndərstǽndiŋ]	名 誤解	☐ reach	[ríːtʃ]	動	～に連絡する
☐ extension	[iksténʃən]	名 内線電話				

CD-54

> **解答例**

Hello, this is Kenji with a message for Mary.
You mentioned that you were going to be working at our Tokyo office! I'm sure that you will have a great time there. Regarding your request, I don't think you need to be too concerned. People will not expect you to be an expert on Japanese business etiquette. There are however, some simple rules that you can follow. The first is to make sure that you have plenty of business cards. When I say plenty, I mean plenty. Also, buy yourself a small business card holder to put them in. When exchanging business cards, hold yours with both hands and accept theirs with both hands, too. Make sure you read theirs carefully and handle it with care and respect. Also, don't be surprised if your coworkers

ask you to go out with them after work. It is a good way to get to know your colleagues. <u>If you want to ask me anything else, just give me a call at Extension</u> 22. Thanks.

和訳

こんにちは。ケンジから、メアリーへのメッセージです。
あなたは、我々の東京支社で働く予定だそうですね！ あなたはきっと素晴らしい時間をそこで過ごすことでしょう。あなたのリクエストについてですが、心配しすぎる必要はないと私は思います。みんなはあなたに、日本のビジネスエチケットの専門家であることを期待しないでしょう。しかしながら、従うべきいくつかのシンプルなルールがあります。1つ目は、必ずたくさんの名刺を持っているようにすることです。たくさんと言ったら、たくさんです。なお、それらを入れる小さな名刺入れを買っておきなさい。名刺を交換するときは、あなたの名刺を両手で持ち、相手の名刺は両手で受け取りましょう。注意深くそれを読み、丁寧に敬意をもって取り扱いなさい。なお、もし同僚たちが、仕事の後一緒に外出しようと言ってきたとしても、驚いてはいけません。それはあなたの同僚のことを知る良い方法なのです。もしほかにも何かたずねたいことがあるなら、内線22まで電話をください。よろしく。

ボキャブラリー

単語	発音	品詞	意味	単語	発音	品詞	意味
□ mention	[ménʃən]	動	述べる	□ regarding	[rigáːrdiŋ]	前	〜について
□ concerned	[kənsə́ːrnd]	形	心配して	□ expert	[ékspəːrt]	名	専門家
□ etiquette	[étikit]	名	礼儀作法	□ plenty of			たくさんの〜
□ holder	[hóuldər]	名	容器	□ exchange	[ikstʃéindʒ]	動	交換する
□ accept	[æksépt]	動	受け取る	□ carefully	[kέərfəli]	副	注意深く
□ handle	[hændl]	動	取り扱う	□ respect	[rispékt]	名	敬意
□ coworker	[kóuwə̀ːrkər]	名	同僚	□ go out			外出する
□ colleague	[káliːg]	名	同僚	□ extension	[iksténʃən]	名	内線電話

✓ セルフチェックポイント   自 己 判 定

ポイント❶	最初の挨拶を適切にできたか。	0 1 2 3 4 5
ポイント❷	相手の問題を理解していることを示せたか。	0 1 2 3 4 5
ポイント❸	分かりやすく具体的な解決策を提示できたか。	0 1 2 3 4 5
ポイント❹	結びの提案や挨拶は適切にできたか。	0 1 2 3 4 5
ポイント❺	大きな空白を作らず50秒以上話せたか。	0 1 2 3 4 5

Speaking Test Three

Question 11
Express an opinion

CD-55

Directions: In this part of the test, you will give your opinion about a specific topic. Be sure to say as much as you can in the time allowed. You will have 15 seconds to prepare. Then you will have 60 seconds to speak.

ディレクション： このパートでは、特定のトピックについて意見を述べます。時間が許す限り、できるだけたくさん話してください。準備時間は15秒です。そしてその後、60秒で話してください。

Which of the following do you consider to be the most important attribute of a good doctor?
(1) Experience
(2) Friendliness
(3) Qualifications

和訳

いい医者の最も重要な特性は次のうちどれだと思いますか。
(1) 経験
(2) 親近感
(3) 技能

ボキャブラリー

□ **attribute** [ǽtrəbjùːt] 名 特性；性質   □ **qualification** [kwɑ̀ləfikéiʃən] 名 能力

解答例 1

I consider experience to be the most important and there are several reasons why. First, I've always found older and more experienced doctors to be better than their younger counterparts. I guess this is because they have years of experience under their belts and can draw on that experience to better relate to patients.

The second reason is that it takes time to learn any job. As a doctor gets more experienced, they will be better able to diagnose problems at an earlier stage. It is for these reasons that I believe experience to be the most important.

和訳

私は、経験こそが最も重要であると考え、これにはいくつか理由があります。第一に私は、年上で、より経験豊かな医師たちは、若い医師たちよりも良いと感じてきました。これは、彼らが長年の経験を自分のものにして、患者とよりよい関係を築くために、その経験に頼ることができるからであると、私は思います。

第二の理由は、どんな仕事も学ぶには時間がかかるということです。医師がより多くの経験を積むにつれて、より早い段階で問題を診断できるようになるのです。私が、経験こそが最も重要だと信じるのは、これらの理由によります。

ボキャブラリー

□ counterpart [káuntərpɑ̀ːrt] 名 同等の人	□ under one's belt	身に付いて
□ draw on　あてにする	□ relate to	～とかかわる
□ patient [péiʃənt] 名 患者	□ experience [ikspíəriəns]	動 経験する
□ diagnose [dáiəgnòus] 動 診断する		

Speaking Test Three

CD-57

解答例 2

I always prefer to have a doctor who is friendly. I get very nervous when I have to visit a doctor. I worry about what he is going to say or whether I need to have a painful operation. A friendly doctor can help to put me at ease. I once read that laughter was the best medicine and it helps me a lot if I can laugh with my doctor. Of course, I hope that the doctor has experience and I also hope that he is qualified but I still feel that friendliness is the most important.

和訳

私は常に、優しい医師の方を好みます。私は、医者を訪れなくてはならない時に、非常に緊張します。私は、医師が何を言うだろうかということや、痛い手術をする必要があるのかどうかが心配です。優しい医師は、私を安心させられます。私は以前、笑いは最高の薬だと読んだことがあり、そしてもし私が担当医と笑うことができたら、それは私をとても助けてくれます。もちろん私は、医師が経験や能力を持っていることを望んでいますが、私はそれでもなお優しさがもっとも重要だと思います。

ボキャブラリー

語	発音	意味	語	発音	意味
□ prefer	[prifə́ːr]	動 より好む	□ friendly	[fréndli]	形 友好的な；優しい
□ get nervous		緊張する	□ worry about		～を心配する
□ painful	[péinfəl]	形 痛みをともなう	□ operation	[ɑ̀pəréiʃən]	名 手術
□ put ~ at ease		～を安心させる	□ laughter	[lǽfər]	名 笑い
□ qualified	[kwάləfàid]	形 能力［資格］のある	□ friendliness	[fréndlinis]	名 親近感；優しさ

✓ セルフチェックポイント

		自己判定
ポイント❶	意見・主張を絞り込めたか。	0 1 2 3 4 5
ポイント❷	その理由をしっかり提示できたか。	0 1 2 3 4 5
ポイント❸	具体例で説得力を増せたか。	0 1 2 3 4 5
ポイント❹	正しい語彙や構文を使えたか。	0 1 2 3 4 5
ポイント❺	大きな空白を作らず50秒以上話せたか。	0 1 2 3 4 5

Writing Test Three

Questions 1-5

Write a sentence based on a picture

Questions 1-5

Directions: In this part of the test, you will write ONE sentence that is based on a picture. With each picture, you will be given TWO words or phrases that you must use in your sentence. You can change the forms of the words, and you can use the words in any order.

Your sentence will be scored on
・the appropriate use of grammar and
・the relevance of the sentence to the picture

In this part, you can move to the next question by clicking on Next. If you want to return to a previous question, click on Back. You will have 8 minutes to complete this part of the test.

ディレクション： このパートでは、写真に基づく1文を書きます。それぞれの写真について、文中で使わなくてはならない2つの単語または句が与えられます。単語は形を変えてもよいですし、使う順番も問いません。
あなたの文は、
・文法の適切な使用と
・写真と文との関連性
以上2点について採点されます。
このパートでは、「Next」をクリックして次の問題に行けます。もし戻りたければ「Back」をクリックします。このパート全体で、回答時間は8分です。

Writing Test Three

Question 1

woman / wear

解答例

A woman is wearing a pair of sunglasses.

和訳

1人の女性がサングラスをかけています。

Question2

many / sunglass

解答例

Many pairs of sunglasses are on display.

和訳

多くのサングラスが展示されています。

Question3

wait / as

解答例

Some people are waiting as their photograph is taken.

和訳

数人の人々が、写真を撮られるのを待っています。

Question4

road / because

> **解答例**

People are crossing the road because the light is green.

> **和訳**

信号が青なので、人々は通りを渡っています。

Writing Test Three

Question5

watch / while

解答例

Some people are standing while they watch a performance.

和訳

数人の人々がパフォーマンスを見ながら立っています。

✓ セルフチェックポイント	自 己 判 定
ポイント❶　Q1 の必須語を使って写真の内容を表現できたか。	0　1　2　3
ポイント❷　Q2 の必須語を使って写真の内容を表現できたか。	0　1　2　3
ポイント❸　Q3 の必須語を使って写真の内容を表現できたか。	0　1　2　3
ポイント❹　Q4 の必須語を使って写真の内容を表現できたか。	0　1　2　3
ポイント❺　Q5 の必須語を使って写真の内容を表現できたか。	0　1　2　3

Questions 6-7

Respond to a written request

Directions : In this part of the test, you will show how well you can write a response to an e-mail.
Your response will be scored on
　・the quality and variety of your setences
　・vocabulary
　・organization
You will have 10 minutes to read and answer each e-mail.

ディレクション： このパートでは、メールに対して返事を書きます。
あなたのメールは、
・文の質とバリエーション
・語彙
・構成
以上3点で評価されます。
メールを読んで書くための時間は10分あります。

Writing Test Three

Question6

Directions： Read the e-mail below.

From: John Smith
To: David Ramsay, Head of Personnel
Subject: Paid leave request
Sent: September 8

Last week I submitted a request for five-days paid leave from October 15 – 19. However, today I learned that my request has been refused. Can I respectfully ask the reasons for this and whether my request can be reconsidered?

Directions： Respond to the e-mail as if you are David Ramsay, the head of personnel. In your response give TWO pieces of information and ask ONE question.

和訳

ディレクション： 次のメールを読みなさい。

差出人：ジョン・スミス
宛先：デイビッド・ラムジー　人事部長
件名：有給休暇申請
送信日：9月8日

先週私は、10月15日～19日の、5日間の有給休暇の申請を提出しました。しかし本日、私の申請が却下されたと知りました。その理由と、再検討が可能かどうか、謹んでおたずねいたします。

ディレクション： 人事部長のデイビッド・ラムジーになったつもりで、返信メールを書きなさい。応答メールでは、2つの情報を示し、1つの質問をしなさい。

ボキャブラリー

□ **personnel** [pə̀ːrsənél]	名 人事部	□ **subject** [sʌ́bdʒikt]	名 題
□ **paid leave**	有給休暇	□ **submit** [səbmít]	動 提出する
□ **respectfully** [rispéktfəli]	副 謹んで	□ **reconsider** [rìːkənsídər]	動 再考する
□ **respond to**	~に返事する	□ **response** [rirspʌ́ns]	名 応答

解答例

Dear Mr. Smith,

Thank you for your email regarding your paid leave request.

First, your request was refused because it was not signed by your head of department. All paid leave applications must be signed by a supervisor. In your case, you will need Jim Reynolds' signature as he is the head of finance.

Second, according to our records you currently have just four days of your paid holiday entitlement remaining, however, your request was for five days. This is another reason why your request was refused.

Finally, are you aware that October 17 is a national holiday and that our factory will be closed?

If you resubmit your application to me with a signature and adjust the number of days you are using, then I will be delighted to approve your application within twenty-four hours.

Yours,

David Ramsay
Head of Personnel

和訳

スミス様

あなたの有給休暇の要請についてのメールをいただき、ありがとうございます。

第一に、依頼書にあなたの部署のトップによるサインがなされていないので、あなたの要請は許可ができません。有給休暇の申請はすべて、上司による署名がなければなりません。あなたの場合、財務部長であるジム・レイノルズのサインが必要です。

第二に、我々の記録によると、あなたは現在、残り4日の有給休暇の権利を持っていますが、あなたの要請は5日間でした。これが、あなたの要請を許可できなかったもう1つの理由です。

最後に、10月17日が祝祭日で、我々の工場は休業するということに気づいていますか。

もし、サインと共に私に再度申し込みをして日数を調整するのでしたら、24時間以内に喜んで承認します。

敬具

デビッド・ラムジー
人事部長

ボキャブラリー

語	発音	品詞	意味
regarding	[rigá:rdiŋ]	前	〜について
department	[dipá:rtmənt]	名	部署
supervisor	[sú:pərvàizər]	名	管理者
finance	[fínæns]	名	財務
entitlement	[intáitlmənt]	名	受け取る権利
national holiday			国民の休日
adjust	[ədʒʌ́st]	動	調整する
approve	[əprú:v]	動	承認する
sign	[sáin]	動	署名する
application	[æpləkéiʃən]	名	申し込み(書)
signature	[sígnətʃər]	名	署名
currently	[ké:rəntli]	副	現在は
aware	[əwéər]	形	気づいている
resubmit	[ri:səbmít]	動	再提起する
delighted	[diláitid]	形	喜んでいる

セルフチェックポイント

自己判定

	0	1	2	3	4	5
ポイント❶ 書き出しの挨拶はできたか。	0	1	2	3	4	5
ポイント❷ 相手の要求を理解し2つの情報と1つの質問を提示できたか。	0	1	2	3	4	5
ポイント❸ 内容に具体性があったか。	0	1	2	3	4	5
ポイント❹ 正しい語彙や構文を使えたか。	0	1	2	3	4	5
ポイント❺ ビジネスメールとしてふさわしい文体だったか。	0	1	2	3	4	5

Question 7

Directions: Read the e-mail below.

> From: Ken Davies, Service Training Corp.
> To: Philip Kane – Manager, Kane Fashions
> Subject: Customer Service Workshop
> Sent: April 7
>
> Last week, Service Training Corporation held a training workshop for you and your staff on the topic of Customer Service at your store. I was wondering if you had received any feedback from your employees or whether you had any comments that you would like to provide to us regarding the workshop.
>
> **Directions:** Respond to the e-mail as if you are Philip Kane, a local store manager. In your e-mail, explain ONE problem and make TWO suggestions.

和訳

ディレクション： 次のメールを読みなさい。

差出人：ケン・デイビス　サービストレーニングコーポレーション
宛先：フィリップ・ケイン　ケイン・ファッションズ　経営者
件名：顧客サービス研修会
送信日：4月7日

先週、サービストレーニングコーポレーションは、貴店と貴店のスタッフのために、そちらの店におけるカスタマーサービスに関する研修会を開催しました。貴店の従業員からの反響や、研修会についてあなたから頂戴できる意見があるのではないかと思っています。

Writing Test Three

ディレクション: 店長のフィリップ・ケインになったつもりで、返信メールを書きなさい。メールでは、1つの問題と2つの提案をしなさい。

ボキャブラリー

☐ customer service 顧客サービス		☐ workshop [wə́ːrkʃɑ̀p] 图 研修会	
☐ feedback [fíːdbæ̀k] 图 反応		☐ provide [prəváid] 動 提供する	
☐ regarding [rigɑ́rdiŋ] 前 ～について		☐ respond to ～に答える	
☐ local store 地元の小売店		☐ suggestion [səgdʒéstʃən] 图 提案	

解答例

Dear Mr. Davies,

I am writing in response to your recent e-mail regarding the customer service workshop your firm recently conducted.
I would like to explain one problem and make two suggestions.
To start with, I thought that the presentation slides were a bit complex. There was a lot of text being shown on each slide and some of the charts were hard to understand.
I suggest that you simplify each slide and think about how much information is being presented at one time. I think this would make the seminar run more smoothly.
Furthermore, why don't you consider printing the slides and giving them as a handout to attendees? One of the complaints I received from an employee was that they spent too much time copying notes from the screen and not enough time watching and listening to you.
I look forward to hearing your response.

Yours,
Philip Kane

和訳

デイビス様

御社が最近実施した、顧客サービスの研修会について、いただいたメールへのお返事を差し上げます。私は、1つの問題と2つの提案について、ご説明したいと思います。

まずはじめに、プレゼン用のスライドが、少し複雑だったと思いました。それぞれのスライドには、たくさんの文章があり、いくつかの図表は理解しにくかったです。

それぞれのスライドを単純化し、どれぐらいの情報が一度に示されているか考えることを提案します。これによって、セミナーがもっとスムーズに進むと思うのです。

さらに、スライドをプリントアウトして、参加者たちへ資料として配ることを検討してはいかがでしょうか。私が従業員から受け取ったクレームのうちの1つは、彼らはスクリーンを板書するのにあまりに多くの時間を費やし、あなたを見たりあなたの話を聞いたりする十分な時間がなかったということでした。

あなたからの返答を楽しみにしております。

かしこ

フィリップ・ケイン

ボキャブラリー

- in response to　〜に応えて
- conduct [kəndʌ́kt] 動 実施する
- presentation [prèzəntéiʃən] 名 発表
- a bit　少し
- chart [tʃɑ́ːrt] 名 図表
- present [prizént] 動 示す
- furthermore [fə́ːrðərmɔ̀ːr] 副 さらに
- attendee [ətèndíː] 名 出席者
- look forward to　〜を楽しみに待つ
- firm [fə́ːrm] 名 会社
- to start with　まず第一に
- slide [sláid] 名 スライド
- complex [kámpleks] 形 複雑な
- simplify [símpləfài] 動 単純化する
- smoothly [smúːðli] 副 円滑に
- handout [hǽndàut] 名 資料
- complaint [kəmpléint] 名 不平

✓ セルフチェックポイント

	自己判定
ポイント❶ 書き出しの挨拶はできたか。	0 1 2 3 4
ポイント❷ 相手の要求を理解し1つの問題と2つの提案を提示できたか。	0 1 2 3 4
ポイント❸ 内容に具体性があったか。	0 1 2 3 4
ポイント❹ 正しい語彙や構文を使えたか。	0 1 2 3 4
ポイント❺ ビジネスメールとしてふさわしい文体だったか。	0 1 2 3 4

Writing Test Three

Question8

Write an opinion essay

Directions: In this part of the test, you will write an essay in response to a question that asks you to state, explain, and support your opinion on an issue. Typically, an effective essay will contain a minimum of 300 words.

Your response will be scored on
・whether your opinion is supported with reasons and examples
・grammar
・vocabulary
・organization

You will have 30 minutes to plan, write, and revise your essay.

ディレクション： このパートでは、ある問題についてあなたに意見、説明、そして意見の裏付けを要求する質問に対して作文をします。一般に、効果的な作文を書くには少なくとも300語が必要です。
あなたの解答は、
・理由や例によってあなたの意見が裏付けられているか
・文法
・語彙
・構成
以上の4点で評価されます。
作文を考えて、書いて、見直しをするための時間は30分間です。

Directions: Read the question below. You have 30 minutes to plan, write, and revise your essay.

What are the advantages and disadvantages of holding a management position? Give specific reasons and examples to support your opinion.

和訳

ディレクション： 次の質問を読みなさい。内容を考えて、書いて、見直しをするための時間は30分間です。

管理職にあることのメリットとデメリットは何ですか。その意見を裏付ける、具体的な理由と例をあげなさい。

ボキャブラリー

- **advantage** [ædvǽntidʒ] 图 メリット
- **disadvantage** [dìsədvǽntidʒ] 图 デメリット
- **management position** 管理職の地位

> 解答例 1

<u>I believe that</u> the advantages are that a manager can create a work environment that he or she enjoys working in. <u>Furthermore,</u> the manager can set the rules and decide how rigidly they are enforced. The disadvantages are, however, that an invisible barrier often forms between managers and subordinates and that being a manager is more stressful than being a subordinate.

<u>To begin with,</u> as a manager you have the chance to set the tone for your office or section. If you enjoy working in a happy and fun environment then you can create that. If you enjoy working in a quiet and serious environment then you can enforce that. I have worked under many different managers and each one created a work environment that reflected their own personality.

<u>A second advantage is that</u> the manager can decide for themselves how rigidly each rule and policy is enforced and whether or not to turn a blind eye, so to speak. In a previous job, I had a manager who was a stickler for the rules. He was totally inflexible. For me, it was rather stressful. For him, it suited his character. On the other hand, if I had been the manager, I would have been more flexible with the enforcement of rules. It would have suited my character, whereas for him, it would perhaps have been stressful.

<u>On the other hand,</u> there are some disadvantages to being a manager. I think being a manager is a somewhat lonely job. Many employees are a bit suspicious of managers. When a manager walks into a room, people tend to watch what they say and keep

their words in check. When the manager is out of the room, the talk flows more freely. So, I think a disadvantage is that the manager is often left out of the office banter. Furthermore, the manager often has to make difficult decisions which some employees will disagree with. That must be quite stressful sometimes for the manager. The expression, "you can please some people some of the time but you cannot please all people all of the time" springs to mind.

In conclusion, the advantages of being a manager are that you can create a work environment that suits your personality and that is a nice perk of the job. Another advantage is that you can decide how strictly rules are enforced. However, it is quite a lonely job and it can be quite stressful, too.

和訳

　私は、メリットは、本人が楽しんで働けるように、職場環境を作り出せることだと信じています。さらに、管理職はルールを設定し、どれだけ厳しく実行するかを決定できます。しかし一方、デメリットは、管理職と部下の間に目に見えない壁がしばしば生じることと、管理職は部下よりもストレスが多くなってしまうことです。

　最初に、管理者として、自分のオフィスや部署の方向性を定めるチャンスを得ます。もし幸せで楽しい環境で働くことを楽しむのなら、それを作り出すことができます。もし静かで真面目な環境で働くことを楽しむのなら、それを強く主張できます。私は多くの違う管理職の下で働いたことがありますが、各自がその人柄を反映させた職場環境を作り出しました。

　2番目のメリットは、管理職はどのぐらい厳しくそれぞれのルールや方針を実行するかということと、ある意味見て見ぬふりをするかどうか自分で決められるということです。以前の職場では、ルールにこだわる管理職がいました。彼はとても融通がききませんでした。私にとっては、それはかなりストレスでした。彼にとっては、それは彼の性格に合っていたのです。一方、もし自分が管理職になったら、ルールの執行についてもっと柔軟になるでしょう。それは私の性格には合うでしょうが、彼にとっては、たぶんストレスになるでしょう。

　一方で、管理職になることにはデメリットもあります。管理職になることは、いささか孤独な仕事だと思います。多くの従業員は管理職のことを少し疑っています。管理職が部屋に入ってくると、人々は自分たちが言うことに注意し、自分たちの言葉を抑制しがちです。管理職が部屋の外にいると、会

話はもっと自由に流れます。ですから私は、管理職がしばしばオフィスでの気さくな会話から仲間はずれになることがデメリットだと思います。さらに、管理職はしばしば、一部の従業員が賛成できないような難しい決断を下さなくてはなりません。それは管理職にとって、ときどき非常に大きなストレスになります。「あなたは時には何人かを喜ばせられますが、いつもすべての人を喜ばせることはできません」という表現が心に浮かびます。

　つまり、管理職になることのメリットは、自分の性格に合った職場環境を作り出せるということで、それはその仕事の優れた特典であるのです。もう1つのメリットは、ルールをどれぐらい厳しく施行するか決められるということです。しかしながら、それはとても孤独な仕事で、同時に、非常にストレスが多くなることもあります。

ボキャブラリー

語句	発音	品詞	意味
□ work environment			作業環境
□ rigidly	[rídʒidli]	副	厳しく
□ invisible barrier			目に見えない障害
□ tone	[tóun]	名	調子
□ personality	[pə̀ːrsənǽləṭi]	名	人柄
□ so to speak			いわば
□ stickler	[stíklər]	名	こだわる人
□ inflexible	[infléksəbl]	形	頑固な
□ suit	[súːt]	動	適する
□ enforcement	[infɔ́ːrsmənt]	名	実行
□ somewhat	[sʌ́mhwʌt]	副	多少
□ tend to			〜しがちである
□ freely	[fríːli]	副	自由に
□ banter	[bǽntər]	名	気さくな会話
□ expression	[ikspréʃən]	名	表情
□ in conclusion			要するに
□ furthermore	[fə̀ːrðərmɔ́ːr]	副	さらに
□ enforce	[infɔ́ːrs]	動	実行する
□ subordinate	[səbɔ́ːrdəneit]	名	部下
□ reflect	[riflékt]	動	反映する
□ turn a blind eye			見て見ぬふりをする
□ previous	[príːviəs]	形	前の
□ totally	[tóuṭəli]	副	とても
□ stressful	[strésfəl]	形	ストレスの多い
□ flexible	[fléksəbl]	形	柔軟な
□ whereas	[hwèərǽz]	接	である一方で
□ suspicious	[səspíʃəs]	形	疑って
□ keep 〜 in check			〜を抑制する
□ leave out			〜を除外する
□ decision	[disíʒən]	名	決定
□ spring to mind			心に浮かぶ
□ perk	[pə́ːrk]	名	特典

> 解答例 2

<u>In my opinion</u> the advantages are that the salary is usually higher and there is greater opportunity to travel. The disadvantages are that there is a lot more responsibility and pressure.

<u>Let me begin with</u> the advantages. By holding a management position, a person is likely to have a much higher salary than their subordinates. Such a salary is likely due to increased responsibility and perhaps length of service with the company. Having a higher salary affords many benefits for both the manager and his or her family. It results in a better quality of life, a nicer house, perhaps a new car every year, etc. Furthermore, there is also increased scope for travel. A manager will likely need to leave the office sometimes to meet a client or customer, or attend an important meeting somewhere. Occasionally, this might even mean traveling overseas. I think that getting out of the office sometimes and moving around is a great advantage and benefit of being a manager.

<u>With regards to</u> the disadvantages though, being a manager involves a lot of responsibility. A manager may have anywhere between 5 or 300 employees working under him or her, perhaps even more. Each employee has individual needs or wants and a manager has to try to balance all of these demands. Employees can be quite selfish sometimes and the manager has to try to listen to them, negotiate with them and persuade them to do something they may not want to do. That requires a lot of time and effort and in my opinion is quite troublesome. Perhaps that is why I have never applied for such a job or become a manager

Writing Test Three

myself. All of this people management must be quite stressful in my opinion. My uncle was a manager at a bank and he had to take early retirement due to stress. I'm sure some people love that aspect of the job but for me, it is a distinct disadvantage.

<u>In summary,</u> the benefits are quite good; the salary, the opportunity to travel and meet many people do sound appealing to me. However, the cost of that is that you have a lot more stress if you are a manager and I'm not sure it would suit my personality or character. That's why for me, the disadvantages outweigh the advantages.

> **和訳**

　私の意見では、普通給料がより高くなって、旅行する機会が増えることがメリットです。デメリットは、責任と重圧が何倍にも増えることです。
　まずメリットから始めましょう。管理職にあることで、その人は部下よりもはるかに高い給料を得られそうです。そのような給料は、増加した責任や、もしかしたら会社への勤続期間が原因と思われます。より高い給料を得ることは、管理職とその家族両方に多くの利益をもたらします。それはより高い質の生活、よりよい家、そして毎年新しい車を買うことなどをもたらすかもしれません。さらに、旅行に行く余裕も増えます。管理職はときどき、お得意様や顧客に会うためや、どこかでの重要な会議に出席するために、オフィスを出る必要が増えそうです。時にはそれは、海外出張をも意味します。ときどき外出をしたりあちこち移動したりすることは、管理職になる大きなメリットと恩恵だと私は思います。
　しかしデメリットに関して言うと、管理職になることは、大きな責任を伴います。管理職は5～300人、あるいはさらに多くの社員を部下に持つかもしれません。それぞれの社員は個人の要求や希望を持っており、管理職はこれらすべての要求に対してバランスをとるよう努めなくてはなりません。写真は時にはとてもわがままになる可能性もありますし、管理職は彼らの言い分に耳を貸し、彼らと交渉し、説得して彼らがやりたくないかもしれないことをさせなくてはなりません。これには多くの時間と努力を必要としますし、私の意見では、非常に厄介なことです。恐らくこれが、私がそのような仕事や自分自身が管理職になることを一度も志願したことがない理由です。思うに、こういったすべての人事職は、非常にストレスが多いに違いありません。私の叔父は銀行の管理職でしたが、ストレスのせいで早期退職をしなければなりませんでした。こういった仕事の側面が大好きな人もいるはずですが、私にとっては、明らかにデメリットなのです。
　要約すれば、恩恵は十分にあります――給料、旅行の機会、そしてたくさんの人に会うことは、私

にとって魅力的に思われます。しかし、もし管理職になれば、その代償として多大なストレスを抱えることになりますし、私はそれが自分の性格や個性に合っているのかよくわかりません。ですから私にとっては、デメリットがメリットを上回るのです。

ボキャブラリー

英語	発音	品詞	意味
□ opportunity	[àpərtjúːnəti]	名	機会
□ pressure	[prə́ʃər]	名	圧力
□ be likely to			～しそうである
□ due to			～が原因で
□ afford	[əfɔ́ːd]	動	提供する
□ result in			～をもたらす
□ scope	[skóup]	名	余地；範囲
□ occasionally	[əkéiʒənəli]	副	時々
□ move around			あちこち移動する
□ anywhere between			～の間のどこか
□ balance	[bǽləns]	動	バランスをとる
□ selfish	[sélfiʃ]	形	わがままな
□ persuade	[pərswéid]	動	説得して～させる
□ troublesome	[trʌ́blsəm]	形	厄介な
□ people management			人事管理
□ early retirement			早期退職
□ distinct	[distíŋkt]	形	明確な
□ appealing	[əpíːliŋ]	形	魅力的な
□ personality	[pə̀ːrsənǽləti]	名	性格
□ outweigh	[àutwéi]	動	～より上回る
□ responsibility	[rispὰnsəbíləti]	名	責任
□ management position			管理職の地位
□ subordinate	[səbɔ́ːrdənət]	名	部下
□ length of service			勤続期間
□ benefit	[bénəfit]	名	利益
□ quality of life			生活の質
□ client	[kláiənt]	名	依頼人；お得意
□ travel overseas			海外旅行をする
□ with regards to			～に関しては
□ individual needs			個人の要求
□ demand	[dimǽnd]	名	要求
□ negotiate with			～と交渉する
□ require	[rikwáiər]	動	必要とする
□ apply for			～に志願する
□ stressful	[strésfəl]	形	ストレスの多い
□ aspect	[ǽspekt]	名	側面
□ in summary			要約すれば
□ suit	[súːt]	動	適合する
□ character	[kǽriktər]	名	個性

✓ セルフチェックポイント

	自己判定
ポイント❶ 意見・主張を絞り込めたか。	0 1 2 3 4 5
ポイント❷ その理由をしっかり提示できたか	0 1 2 3 4 5
ポイント❸ 具体例で説得力を増せたか。	0 1 2 3 4 5
ポイント❹ 正しい語彙や構文を使えたか。	0 1 2 3 4 5
ポイント❺ 意見や主張が首尾一貫していたか。	0 1 2 3 4 5

Speaking & Writing Test Four

Speaking Test

Questions 1-2
Read a text aloud ········· 156

Question 3
Describe a picture ········· 160

Questions 4-6
Respond to questions ········· 162

Questions 7-9
Respond to questions using information provided ········· 165

Question 10
Propose a solution ········· 170

Question 11
Express an opinion ········· 173

Writing Test

Questions 1-5
Write a sentence based on a picture ········· 176

Questions 6-7
Respond to a written request ········· 182

Question 8
Write an opinion essay ········· 189

Speaking Test Four

Questions 1-2
Read a text aloud

CD-58

Question 1

Directions: In this part of the test, you will read aloud the text on the screen. You will have 45 seconds to prepare. Then you will have 45 seconds to read the text aloud.

ディレクション： このパートでは、画面に表示されるテキストを音読します。準備時間は45秒あります。そしてその後、あなたは45秒でテキストを音読します。

Northville Train Station Car Park will be closed on Monday, June 4 to enable new barriers to be installed, along with the repainting of road markings, signage, and handrails. Alternative parking facilities will be available adjacent to Wentworth Hospital while the work is carried out. We apologize for any inconvenience that this temporary closure may cause to passengers.

和訳

ノースビル駅の駐車場は、路面表示や看板、手すりを塗りなおすに際し、新しい柵を設置できるようにするために、6月4日の月曜日に閉鎖されます。作業が進んでいる間、ウェントワース病院に隣接した代わりの駐車施設が利用可能です。この一時的な閉鎖によって、乗客のみなさまにご不便をおかけいたしますことを、お詫びいたします。

Speaking Test Four

解答例

Northville Train Station Car Park / will be **closed** on **Monday, June 4** / to enable **new barriers** to be **installed,** / along with the **repainting** of **road markings,** / **signage,** / and **handrails.** / **Alternative parking facilities** will be **available** / **adjacent** to **Wentworth Hospital** / while the **work** is **carried out.** / We **apologize** for **any inconvenience** / that this **temporary closure** may **cause** to **passengers.** /

☆太字の語句は、やや強く読みましょう。

ボキャブラリー

□ enable	[inéibl]	動	可能にする	□ barrier	[bǽriər]	名 柵
□ install	[instɔ́ːl]	動	設置する	□ along with		〜と一緒に
□ repaint	[riːpéint]	動	〜を塗り直す	□ road marking		路面標識
□ signage	[sáinidʒ]	名	標識	□ handrail	[hǽndrèil]	名 手すり
□ alternative	[ɔːltə́ːrnətiv]	形	代わりの	□ parking facility		駐車設備
□ available	[əvéiləbl]	形	利用できる	□ adjacent to		〜に隣接した
□ carry out			〜を実行する	□ apologize for		〜についてわびる
□ inconvenience	[ìnkənvíːnjəns]	名	不便さ	□ temporary	[témpərèri]	形 一時的な
□ closure	[klóuʒər]	名	閉鎖			

✓ セルフチェックポイント

		自 己 判 定
ポイント❶	45秒以内に読み終わったか。	0 1 2 3
ポイント❷	何回も止まってしまわなかったか。	0 1 2 3
ポイント❸	機能語を強く読み過ぎなかったか。	0 1 2 3
ポイント❹	英文の内容を考えながら読めたか。	0 1 2 3
ポイント❺	単語のアクセントを間違えなかったか。	0 1 2 3

Question2

Directions: In this part of the test, you will read aloud the text on the screen. You will have 45 seconds to prepare. Then you will have 45 seconds to read the text aloud.

ディレクション： このパートでは、画面に表示されるテキストを音読します。準備時間は45秒あります。そしてその後、あなたは45秒でテキストを音読します。

Are you already thinking about your next summer vacation? At Trekker Travel Services, we offer great package deals to Spain, Italy, and France. Our prices are up to 30% lower than those of our rivals, and if you book your summer vacation with us before the end of this month, you will receive an additional 10% off.

和訳

来年の夏休みについては、すでに考えていますか。トレッカー・トラベルサービスでは、スペイン、イタリア、フランスをめぐる素晴らしいパックツアーをご提供します。他社と比べて私どもの価格は最大30％安く、今月末までに夏休みの予約を当社へ入れていただければ、さらに10％の値引きが受けられます。

Speaking Test Four

解答例

Are you already thinking / about your next summer vacation? / At Trekker Travel Services, / we offer great package deals / to Spain, / Italy, / and France. / Our prices are up to 30% lower / than those of our rivals, / and if you book your summer vacation with us / before the end of this month, / you will receive an additional 10% off. /

☆太字の語句は、やや強く読みましょう。

ボキャブラリー

□ offer	[ɔ́ːfər]	動 提供する	□ package deal			パッケージ販売
□ up to		最大〜まで	□ rival	[ráivəl]	图	競争相手
□ book	[búk]	動 予約する	□ additional	[ədíʃənl]	形	追加の

✓ セルフチェックポイント　　　　　自　己　判　定

ポイント❶	45秒以内に読み終わったか。	[0] [1] [2] [3]
ポイント❷	何回も止まってしまわなかったか。	[0] [1] [2] [3]
ポイント❸	機能語を強く読み過ぎなかったか。	[0] [1] [2] [3]
ポイント❹	英文の内容を考えながら読めたか。	[0] [1] [2] [3]
ポイント❺	自然なイントネーションで読めたか。	[0] [1] [2] [3]

Question3
Describe a picture

CD-62

Question3

Directions: In this part of the test, you will describe the picture on your screen in as much detail as you can. You will have 30 seconds to prepare your response. Then you will have 45 seconds to speak about the picture.

ディレクション: このパートでは、画面に表示される写真について、できるだけ詳しく描写します。準備時間は30秒あります。そしてその後、あなたは45秒で写真について話してください。

Speaking Test Four

🎧 **CD-63**

解答例

<u>This is a picture of</u> a market stall. <u>I can see</u> one lady sitting on a chair or stool. <u>I guess that</u> she is the stallholder. She <u>appears to be</u> selling pictures or paintings of some kind. <u>Above</u> her, <u>there is</u> a green and white striped canopy. <u>There are</u> several people looking at her items, perhaps she might make a sale. <u>In the background, I can see</u> a wall. In the foreground and to the right, <u>I can see</u> a person wearing a beige hat.

和訳

これは屋台の写真です。1人の女性が椅子かスツールに腰かけているのが見えます。彼女が屋台の所有者なのだと思います。彼女はある種の写真か絵を販売しているように見えます。彼女の上に、緑と白の縞模様のひさしがあります。何人かの人々が、彼女の商品を見ており、おそらく買い手がついているのでしょう。奥には、壁が見えます。前の右側には、ベージュの帽子をかぶった人が見えます。

ボキャブラリー

単語	発音	意味
□ stall	[stɔ́ːl]	売店；屋台
□ stallholder	[stɔ́ːlhòuldər]	屋台の所有者
□ striped	[stráipt]	縞模様の
□ make a sale		売れる
□ stool	[stúːl]	スツール；腰かけ
□ appear to be		～であるように見える
□ canopy	[kǽnəpi]	ひさし
□ beige	[béiʒ]	ベージュ色の

✔ セルフチェックポイント

		自己判定
ポイント❶	場所の説明ができたか。	0 1 2 3
ポイント❷	見えるものの説明ができたか。	0 1 2 3
ポイント❸	人物の動作が説明できたか。	0 1 2 3
ポイント❹	見えるものの場所が説明できたか。	0 1 2 3
ポイント❺	大きな空白を作らず45秒近く話せたか。	0 1 2 3
ポイント❻	発音、イントネーション、アクセントは正しかったか。	0 1 2 3

Questions 4-6
Respond to questions

CD-64

Directions: In this part of the test, you will answer three questions. For each question, begin responding immediately after you hear a beep. No preparation time is provided. You will have 15 seconds to respond to Questions 4 and 5 and 30 seconds to respond to Question 6.

ディレクション： このパートでは、3つの質問に答えます。ピーッという音が鳴ったらすぐに、それぞれの質問に答え始めてください。準備時間はありません。Question4と5には15秒で、Question 6には30秒で答えてください。

Imagine that an American lifestyle magazine is doing research in your country. You have agreed to participate in a telephone interview about retirement.

(和訳)••

アメリカのライフスタイル雑誌が、あなたの国でリサーチを実施しているとします。あなたは、引退に関する電話インタビューを受けることに同意しています。

CD-65

Question4

Where would you like to spend your retirement years?

(和訳)••

引退後は、どこで過ごしたいですか。

Speaking Test Four

> 解答例

I would like to spend them living near the beach. It would be great to be able to walk along the seafront every morning. I'd also like to live near my grandchildren.

> 和訳

私は、ビーチの近くに住んで過ごしたいと思っています。毎朝、海に面した場所を歩くことができるのは、素晴らしいことです。私はまた、私の孫たちの近くで暮らしたいとも思っています。

CD-66

Question5

Do you intend to look for another job after you retire? Why or why not?

> 和訳

引退後、別の仕事を探すつもりですか。それはなぜですか。

> 解答例

I think so. I guess that after a few months I will be quite bored so having a job will keep me busy. I think money will be quite tight after I retire.

> 和訳

そうすると思います。2～3ヵ月たつと、すっかり時間を持て余してしまうでしょうから、仕事をすることは私を忙しくさせてくれます。引退後は、お金にとても余裕がなくなると思います。

Question 6

What are your main goals before you retire?

和訳

あなたの引退前の主な目標は何ですか。

解答例

First, I hope to save as much money as I can. I think that by the time I retire the state pension will be minimal. Second, I hope to have become fluent in Spanish. I'd like to visit Spain after I retire so knowing the language will help me. Finally, I would like to have won a marathon as I enjoy running.

和訳

第一に、私はできるだけ貯金したいと望んでいます。私が引退するときまでに、国民年金は最小限になるでしょう。第二に、スペイン語を流ちょうに話せるようになりたいと望んでいます。私は引退後にスペインを訪れたいと思っているので、その言語を知っているということは、私の助けになるでしょう。最後に、走ることが好きなので、マラソンで勝ってみたいです。

ボキャブラリー

- retire [ritáiər] 動 (定年)退職する
- minimal [mínəməl] 形 最小の
- marathon [mǽrəθɑn] 名 マラソン
- state pension 国民年金
- fluent [flúːənt] 形 流ちょうな

セルフチェックポイント

		自己判定
ポイント❶	Q4 で場所について答えられたか。	0 1 2 3
ポイント❷	場所を表す表現を正しく使えたか。	0 1 2 3
ポイント❸	Q5 の質問を理解し、正しく答えたか。	0 1 2 3
ポイント❹	Q6 では何をするかしっかり表現できたか。	0 1 2 3
ポイント❺	Q6 では極端に話をそらさずに 30 秒話せたか。	0 1 2 3

Speaking Test Four

Questions 7-9
Respond to questions using information provided

CD-68

Directions: In this part of the test, you will answer three questions based on the information provided. You will have 30 seconds to read the information before the questions begin. For each question, begin responding immediately after you hear a beep. No additional preparation time is provided. You will have 15 seconds to respond to Questions 7 and 8 and 30 seconds to respond to Question 9.

ディレクション： このパートでは、提示される情報に基づいて3つの質問に答えます。質問が始まる前に、30秒、提示される情報を読む時間があります。ピーッという音を聞いたらすぐに、それぞれの質問に答え始めてください。準備時間はありません。Question 7と8には15秒で、Question 9には30秒で答えてください。

Ridgeway Corporation
Employee of the Year Awards Ceremony

November 20
Duration: 6:00 – 10:00 p.m.
Venue: Webb Hotel

6:00	Guests arrive at the Webb Hotel (please arrive by 6:15 at the latest)
6:30	Welcome drinks – Grange Suite
7:00	Dinner – Roast Beef or Roast Duck*
8:00	Awards Presentation – Ridgeway Corporation CEO, Kate Cumberland
9:00	Charity Auction – Proceeds go to local hospital
10:00	End of event

※Vegetarian option available. Notify Personnel Department by Friday, November 10.

〔Narrator〕

Good morning, this is Kate Cumberland, CEO of Ridgeway Corporation. I'm calling about the awards ceremony. I'd like to confirm some of the details.

ボキャブラリー

□ **award ceremony**		授賞式	□ **venue** [vénjuː]	名 会場
□ **duration** [djuréiʃən]	名	継続時間	□ **suite** [swiːt]	名 特別室
□ **presentation** [prèzəntéiʃən]	名	贈呈	□ **proceed** [prəsíːd]	名 収益
□ **notify** [nóutəfài]	動	通知する	□ **personnel department**	人事部
□ **confirm** [kənfə́ːrm]	動	確認する	□ **detail** [dítéil]	名 詳細

Speaking Test Four

> **和訳**

リッジウェー・コーポレーション
年間最優秀従業員表彰式

11月20日
時間:午後6時～10時
会場: ウェブホテル

6:00　ウェブホテルに来賓到着（遅くとも6:15までに到着のこと）
6:30　ウェルカムドリンク　　グランジスイートにて
7:00　晩餐　ローストビーフかローストダック
8:00　授賞式　リッジウェー・コーポレーション　最高経営責任者　ケイト・カンバーランド
9:00　チャリティー・オークション　収益は地元病院へ寄付されます
10:00　イベント終了

※菜食のオプションも可能です。11月10日金曜日までに人事部へ通知してください。

〔音声メッセージ〕
おはようございます、私はリッジウェー・コーポレーションの最高経営責任者ケイト・カンバーランドです。授賞式についてお電話しています。詳細をいくつか確認したいのですが。

Question 7

Can you tell me what time I am due to present the awards?

> **和訳**

私は何時に賞の贈呈をすることになっているか教えてもらえますか。

> **解答例**

Let me see. You will present the awards from 8:00 P.M. Do you have any other questions?

> 和訳

そうですね。あなたは午後8時から賞の贈呈を行います。ほかに質問はありますか。

Question8

My husband does not eat meat. Have any special provisions for vegetarians been made?

> 和訳

私の夫は肉を食べません。ベジタリアンのために作られた特別食は何かありますか。

> 解答例

Yes. A vegetarian option is available. However, if you want to choose it the Personnel Department needs to be notified by Friday, November 10.

> 和訳

はい。菜食主義者用オプションが利用できます。ただし、もしそれを選びたいのなら、11月10日の金曜日までに、人事部へ知らせる必要があります。

Speaking Test Four

Question9

What is the order of events both prior to and after the awards presentation?

> **和訳**
>
> 表彰式の前後の行事の進行はどうなっていますか。

> **解答例**

<u>First,</u> guests are to arrive at the Webb Hotel by 6:15 P.M. and then they will be served welcome drinks in the Grange Suite. <u>After that,</u> dinner will be served from 7:00 P.M. through 8:00 P.M.. After your speech, a charity auction will be held with the proceeds going to the local hospital and the event will finish at 10:00 P.M.

> **和訳**
>
> 最初に、来賓はウェブ・ホテルに午後6時15分に到着し、それからグランジ・スイートでウェルカムドリンクをふるまわれます。その後、午後7時から8時の間夕食が供されます。あなたのスピーチの後、収益金が地域の病院へ寄付されるチャリティーオークションが行われ、イベントは午後10時に終わります。

ボキャブラリー

- **serve** [sə́ːrv] 動 (食事を)出す

セルフチェックポイント

	自己判定
ポイント❶ 長い時間をおかず各設問に答えられたか。	0 1 2 3
ポイント❷ Q7の時刻を正しく言えたか。	0 1 2 3
ポイント❸ Q8で、正しい答えを返せたか。	0 1 2 3
ポイント❹ Q9で、正しい答えを返せたか。	0 1 2 3
ポイント❺ Q9で、大きな空白を置かずに25秒以上話せたか。	0 1 2 3

Question 10
Propose a solution

CD-72

Directions: In this part of the test, you will be presented with a problem and asked to propose a solution. You will have 30 seconds to prepare. Then you will have 60 seconds to speak.
In your response, be sure to
・show that you recognize the problem
・propose a way of dealing with the problem

ディレクション： このパートでは、提示された問題に対して解決策を提示します。準備時間は30秒です。そしてその後、60秒で話してください。
答えるときには、以下の事に注意してください。
・問題を把握していることを示す
・問題に対応する方法を提案する

ボキャブラリー

単語	発音	品詞	意味
□ curator	[kjuəréitər]	名	学芸員
□ welcome	[wélkəm]	動	迎える
□ appreciate	[əpríːʃièit]	動	理解する
□ previous	[príːviəs]	形	前の
□ suggest	[səgdʒést]	動	提案する
□ unsuccessful	[ʌnsəksésfəl]	形	うまくいかない
□ exhibit	[igzíbit]	名	展示品
□ get up close			近づく
□ confident	[kánfədənt]	形	自信がある
□ capacity	[kəpǽsəti]	名	地位；資格
□ typically	[típikəli]	副	概して
□ canvas	[kǽnvəs]	名	キャンバス
□ put up a sign			標示を立てる
□ protect	[prətékt]	動	守る
□ despite	[dispáit]	前	～にもかかわらず
□ cordon	[kɔ́rdn]	名	立ち入り禁止線
□ ignore	[ignɔ́ːr]	動	無視する
□ firm	[fə́ːrm]	名	会社

Speaking Test Four

Good morning, this is Jenny, the curator at the Modern Art Gallery. I was wondering if you could give me some advice in your capacity as the head curator at the history museum. Every year we welcome thousands of school parties from around the country. Typically, summer is our busiest time. However, children being children, they seem to love touching the paintings. As you can appreciate, this can cause damage to the canvas. In previous years, we have put up signs and asked the teachers to try to explain the problem to their students before they arrive, but this has not completely stopped the touching. I want to know if you can suggest some ideas as to how to stop the children from touching the paintings. Of course, we want children to enjoy the paintings but we want to protect them, too. Can you call me back? This is Jenny and my number is 555-1234.

和訳

おはようございます、こちらは現代美術館の学芸員、ジェニーです。歴史博物館の館長であるあなたのお立場でアドバイスをいただけないかと思っております。毎年、私たちは全国各地の学生グループを何千人も迎えています。概して、夏はもっとも忙しい季節です。しかしながら、子供はやはり子供で、彼らは絵画に触れるのがとても好きなようです。ご存知のとおり、これはキャンバスに損傷を与えます。この数年の間、私たちは看板を掲げ、先生がたにこの問題について到着前に生徒に説明をするように頼んできましたが、絵への接触を完全にやめさせるには至りませんでした。私は、子供たちに絵に触るのをやめさせる方法に関するいくつかのアイデアを、あなたが提案できるかどうか知りたいのです。もちろん、私たちは子供たちに絵を楽しんでもらいたいですが、絵画を守りたくもあるのです。折り返しお電話をいただけますか。こちらはジェニー、電話番号は555-1234です。

解答例

This is a message for Jenny, the curator at the Modern Art Gallery. This is (your name) the head curator at the History Museum. Thank you for your call. Your message said that you have been unsuccessful at stopping children from touching your paintings despite having put up signs, and so on. To be honest, this is something that we have been having trouble with, too. This year, we have put glass in front of some of our exhibits and we have also placed a rope cordon around some others. This does mean that people cannot get up close to the items, but if people ignore our signs, then what else can we do? We are confident that this will stop the problem and I suggest you try it too. If you want to know the number of the firm that did it for us, give me a call. This is (your name) and you can reach me at 555-2345.

和訳

これは現代美術館学芸員のジェニーさんへのメッセージです。私は歴史博物館館長の（自分の名前）です。お電話ありがとうございます。あなたのお話では、表示を掲げているにもかかわらず、そちらの絵画を子供たちが触るのをやめさせられていないということなどでした。正直言って、この問題は、私たちも抱えています。今年、私たちはいくつかの展示品の正面に、ガラスを置くことにしましたし、ほかのいくつかはロープで遮断しました。これは、人々が作品に近寄れないということを意味しますが、もし人々が標識を無視した場合、私たちに何ができるでしょうか。これがその問題を解決すると、私たちは自信を持っていますし、あなたもそれを試してみてはいかがでしょうか。それを私たちのためにやってくれた会社の番号をお知りになりたければ、私へお電話ください。こちらは（自分の名前）、555-2345へお電話ください。

✓ セルフチェックポイント		自 己 判 定
ポイント❶	自己紹介を適切にできたか。	0 1 2 3 4 5
ポイント❷	相手の問題を理解していることを示せたか。	0 1 2 3 4 5
ポイント❸	分かりやすく具体的な解決策を提示できたか。	0 1 2 3 4 5
ポイント❹	結びの提案や挨拶は適切にできたか。	0 1 2 3 4 5
ポイント❺	大きな空白を作らず50秒以上話せたか。	0 1 2 3 4 5

Speaking Test Four

Question11
Express an opinion

CD-74

Directions: In this part of the test, you will give your opinion about a specific topic. Be sure to say as much as you can in the time allowed. You will have 15 seconds to prepare. Then you will have 60 seconds to speak.

ディレクション： このパートでは、特定のトピックについて意見を述べます。時間が許す限り、できるだけたくさん話してください。準備時間は15秒です。そしてその後、60秒で話してください。

What do you think are the advantages and disadvantages of attending a private high school? Give specific reasons and examples to support your opinion.

和訳

私立高校に通うことのメリットとデメリットは何だと思いますか。その意見を裏付ける、具体的な理由と例をあげなさい。

ボキャブラリー

- **advantage** [ædvǽntidʒ] 图 メリット
- **disadvantage** [dìsədvǽntirdʒ] 图 デメリット
- **private school** 私立学校

解答例 1　🔊 CD-75

I think that the first advantage is that the size of the class is usually smaller. In a public school, it is not untypical to see classes consisting of thirty or more students. I think that students learn better when in smaller classes of perhaps 10 or 15 students. The second advantage is that because students pay fees, the school can usually attract a higher quality of teacher because they have more funds to pay higher salaries. On the other hand, many students have to travel quite long distances to attend a private school rather than their local public school. This means that the child may have many friends at school but none from their own neighborhood. That is a disadvantage.

和訳

第一のメリットは、クラスの規模がたいてい小さいということだと思います。公立学校では、30人かそれ以上の人数の生徒からなるクラスを目にすることは、珍しいことではありません。おそらく10人や15人といった小さなクラスでの方が、生徒たちはより良く学べると私は思います。2番目のメリットは、生徒たちは授業料を払うので、学校は教師へ支払う高給のための資金をより多く持ち、そのためより質の高い教師を引きつけられるということです。一方で、多くの生徒たちは、私立学校へ通うために、地元の公立学校へ通うよりもむしろ非常に長い距離を移動しなければなりません。これは、その子は学校ではたくさんの友だちを持てるけれど、自分の近所では友だちを得られないということを意味します。それがデメリットです。

解答例 2　🔊 CD-76

The first advantage is that the teachers are usually better qualified and more experienced at teaching. The high fees charged by private schools enable the school to recruit and hire only the best teachers. The second advantage is that the facilities at a private school are likely to be better. This might include an indoor pool, better sports facilities, digital whiteboards and smaller classes. All of them allow students to maximize their potential and to progress quicker. <u>A disadvantage is that</u> the costs are very high for parents. <u>This means that</u> parents may have to work longer hours and spend less time with their children.

和訳

最初のメリットは、教師の能力がより高く、普通は指導経験がより豊富だということです。私立学校から請求される高い料金は、学校が最高の教師だけを募集し雇うことを可能にします。2番目のメリットは、私立学校にはより優れた設備がありそうだということです。屋内プール、より充実したスポーツ施設、デジタル式のホワイトボード、そしてより小人数のクラスなどがそれらに含まれるでしょう。それらの施設はみな、生徒たちが自分の可能性を最大限に伸ばし、より早く進歩することを可能にします。デメリットの1つは、親にとって費用が非常に高いことです。これは、親がより長時間働かなくてはならず、子供たちと過ごす時間がより少なくなることを意味します。

ボキャブラリー

語	発音	品詞	意味
public school			公立学校
consist of			～からなる
attract	[ətrǽkt]	動	引き付ける
salary	[sǽləri]	名	給料
none	[nʌ́n]	代	だれも～ない
fee	[fíː]	名	料金；授業料
private school			私立学校
hire	[háiər]	動	雇う
be likely to			～しそうである
indoor pool			屋内プール
whiteboard	[hwáitbɔ̀ːrd]	名	ホワイトボード
potential	[pətén ʃəl]	名	可能性
untypical	[ʌntípikəl]	形	典型的でない
fee	[fíː]	名	料金；授業料
fund	[fʌ́nd]	名	資金
attend	[əténd]	動	通う
qualified	[kwάləfàid]	形	能力のある
charge	[tʃɑ́ːrdʒ]	動	請求する
recruit	[rikrúːt]	動	募集［採用］する
facility	[fəsíləti]	名	設備
include	[inklúːd]	動	含む
digital	[dídʒətl]	形	デジタルの
maximize	[mǽksəmàiz]	動	最大限に伸ばす
progress	[prəgrés]	動	進歩する

✓ セルフチェックポイント

自己判定

ポイント❶	意見・主張を絞り込めたか。	0 1 2 3 4 5
ポイント❷	その理由をしっかり提示できたか。	0 1 2 3 4 5
ポイント❸	具体例で説得力を増せたか。	0 1 2 3 4 5
ポイント❹	正しい語彙や構文を使えたか。	0 1 2 3 4 5
ポイント❺	大きな空白を作らず50秒以上話せたか。	0 1 2 3 4 5

Writing Test Four

Questions 1-5

Write a sentence based on a picture

Questions 1-5

Directions: In this part of the test, you will write ONE sentence that is based on a picture. With each picture, you will be given TWO words or phrases that you must use in your sentence. You can change the forms of the words, and you can use the words in any order.

Your sentence will be scored on and
- the appropriate use of grammar
- the relevance of the sentence to the picture

In this part, you can move to the next question by clicking on Next. If you want to return to a previous question, click on Back. You will have 8 minutes to complete this part of the test.

ディレクション： このパートでは、写真に基づく1文を書きます。それぞれの写真について、文中で使わなくてはならない2つの単語または句が与えられます。単語は形を変えてもよいですし、使う順番も問いません。

あなたの文は、
・文法の適切な使用と
・写真と文との関連性

以上2点について採点されます。

このパートでは、「Next」をクリックして次の問題に行けます。もし戻りたければ「Back」をクリックします。このパート全体で、回答時間は8分です。

Writing Test Four

Question 1

chair / under

> **解答例**

The chairs have been pushed under the tables.

> **和訳**

そのいすたちはテーブルの下に押し込まれています。

Question2

walk / and

> 解答例

The lady is <u>walking and</u> holding something in her hand.

> 和訳

その女性は歩いており、何かを手に持っています。

Writing Test Four

Question3

both / jug

解答例

Both of the glass jugs contain milk.

和訳

両方のガラスジャーには、ミルクが入っています。

Question4

busy / because

> 解答例

This café is very busy because it is in a convenient location.

> 和訳

このカフェは、便利な立地にあるのでとても混んでいます。

Writing Test Four

Question5

escalator / in order to

解答例

They are riding an escalator in order to go down to the next floor.

和訳

彼らは、下のフロアに降りていくためにエスカレーターに乗っています。

✓ セルフチェックポイント		自 己 判 定			
ポイント❶	Q1の必須語を使って写真の内容を表現できたか。	0	1	2	3
ポイント❷	Q2の必須語を使って写真の内容を表現できたか。	0	1	2	3
ポイント❸	Q3の必須語を使って写真の内容を表現できたか。	0	1	2	3
ポイント❹	Q4の必須語を使って写真の内容を表現できたか。	0	1	2	3
ポイント❺	Q5の必須語を使って写真の内容を表現できたか。	0	1	2	3

Questions 6-7
Respond to a written request

Directions: In this part of the test, you will show how well you can write a response to an e-mail.
Your response will be scored on
- the quality and variety of your sentences
- vocabulary
- organization

You will have 10 minutes to read and answer each e-mail.

ディレクション： このパートでは、メールに対して返事を書きます。
あなたのメールは、
・文の質とバリエーション
・語彙
・構成
以上3点で評価されます。
メールを読んで書くための時間は10分あります。

Question6

Directions: Read the e-mail below.

To: Braddock Property Services
From: Susan Kenderson
Subject: Properties in Braddock Town
Sent: April 16

My company has just informed me that I am to be transferred to Braddock Town on May 1. I would like to know if you can help me to find a suitable property for me to rent in Braddock Town by that date.

Directions: Respond to the e-mail as if you are an employee at Braddock Property Services. In your e-mail, ask TWO questions and explain ONE problem.

和訳

ディレクション： 次のメールを読みなさい。

宛先：ブラドック不動産
差出人：スーザン・ケンダーソン
件名：ブラドック町の不動産について
送信日：4月16日

私は会社から、5月1日にブラドック町へ転勤することを通知されたところです。その日までに、ブラドック町で私に適した賃貸物件を見つける手伝いを、御社にしていただけるかどうか、知りたいのです。

ディレクション： ブラドック不動産の社員になったつもりで、返信メールを書きなさい。メールでは、2つの質問と1つの問題点を示しなさい。

ボキャブラリー

□ property	[prάparti]	图 不動産物件	□ transfer [trænsfɔ́ːr] 動 転勤させる
□ suitable	[súːtəbl]	形 適切な	□ respond to ～に答える

解答例

Dear Ms. Kenderson,

Thank you for your recent e-mail inquiring about our service.
I would like to ask you two questions and explain one problem.
First, can you tell me what type of property you are looking for? If you are going to be living alone, for example, then I would suggest a one bedroom studio apartment.
Second, what kind of budget do you have? Rental rates in Braddock Town have increased sharply over the past two years. By knowing your budget, it will help me to shortlist some suitable rental properties that you might be interested in.
Finally, if you require accommodation by May 1, then that gives us only two weeks. That is not a lot of time. The sooner that I know your requirements, the sooner I can begin to find suitable properties for you.
If you would like to speak to me today, you can contact me at 555-1234.

Yours,
Darren Cook
Braddock Property Services

Writing Test Four

> **和訳**

ケンダーソン様

先日、当社のサービスへのお問い合わせをいただき、大変ありがとうございます。

2点についておたずねし、1つの問題について説明させていただきます。

第一に、どのような不動産物件をお探しでしょうか。もしおひとりでお住まいになるのでしたら、たとえば、寝室が1つのワンルームマンションをご提案いたします。

第二に、予算はどのような感じでしょうか。ブラドック町の賃貸の家賃相場は、ここ2年間で急激に上昇しています。あなたのご予算を知ることで、あなたが興味をお持ちになりそうないくつかの適した賃貸物件を、候補リストに載せられます。

最後に、もし5月1日までにご入り用でしたら、あと2週間しかありません。それはたくさんの時間というわけではありません。あなたのご条件を早くお知らせいただければ、私はより早く、ご希望の物件を探し始められます。

本日、私と直接話をなさりたいようでしたら、555-1234までお電話ください。

敬具

ダレン・クック
ブラドック不動産サービス

ボキャブラリー

☐ inquire	[inkwáiər]	動 たずねる	☐ studio apartment			ワンルームアパート
☐ budget	[bʌ́dʒit]	名 予算	☐ rental rate			賃貸料
☐ sharply	[ʃɑ́ːrpli]	副 急に	☐ shortlist	[ʃɔ́ːrtlist]		名 (最終)候補リスト
☐ suitable	[súːtəbl]	形 ふさわしい	☐ require	[rikwáiər]		動 求める
☐ accommodation	[əkɑ̀mədéiʃən]	名 調整	☐ requirement	[rikwáiərmənt]		名 必要条件

✓ セルフチェックポイント

	自 己 判 定
ポイント❶ 書き出しの挨拶はできたか。	0 1 2 3 4
ポイント❷ 相手の要求を理解し2つの質問と1つの問題点を提示できたか。	0 1 2 3 4
ポイント❸ 内容に具体性があったか。	0 1 2 3 4
ポイント❹ 正しい語彙や構文を使えたか。	0 1 2 3 4
ポイント❺ ビジネスメールとしてふさわしい文体だったか。	0 1 2 3 4

Question 7

Directions: Read the e-mail below.

> To: Miho Yamada
> From: Miranda Young, CEO, Venture Education Services
> Subject: Guest Speaker
> Sent: May 16
>
> Thank you for agreeing to be the guest speaker at our annual dinner to be held on July 8 at the Royal George Hotel, Tokyo. We are delighted to have you as our guest. If you have any questions, please do not hesitate to get in touch with me.
>
> **Directions:** Respond to the e-mail as if you are Miho Yamada. In your e-mail, ask TWO questions and provide ONE piece of information.

和訳

ディレクション： 次のメールを読みなさい。

宛先：ミホ・ヤマダ
差出人：ミランダ・ヤング　ベンチャー・エデュケーション・サービス最高経営責任者
件名：ゲストスピーカー
送信日：5月16日

7月8日に東京のロイヤルジョージホテルで開催する、私たちの毎年恒例のディナーでのゲストスピーカーになることを承知してくださってどうもありがとうございます。あなたを私たちのゲストとしてお迎えすることをとても喜んでいます。もし何か質問がありましたら、遠慮なくおたずねください。

ディレクション： ミホ・ヤマダになったつもりで、返信メールを書きなさい。メールでは、2つの質問と1つの情報を示しなさい。

ボキャブラリー

☐ annual	[ǽnjuəl]	形	年に1度の
☐ hesitate	[hézətèit]	動	ためらう
☐ provide	[prəváid]	動	提供する
☐ delighted	[diláitid]	形	喜んで
☐ respond to			〜に答える

解答例

Dear Ms. Young,

Thank you for your e-mail dated May 16. I am delighted to be your guest speaker and I look forward to meeting you and your employees. I would however like to ask two questions and tell you one thing.
To start with, will you be arranging accommodation for me or will I have to do that myself? I ask because I would like to book somewhere near a train station.
Second, do you have a topic or theme in mind for my speech, or am I free to choose it myself? I am totally flexible either way. However, if you can let me know fairly soon, then I can begin to think of some ideas.
Finally, I should mention to you that I am expected in Yokohama early the next day and so I will not be able to stay up too late with you all. If we can agree on a 10:00 P.M. or 10:30 P.M. finish, that would be appreciated.
Should you have any questions or wish to discuss anything else with me, then you can contact me by phone at 555-1234.
Thank you again and I look forward to meeting you in person soon.

Best wishes,

Miho Yamada

和訳

ヤング様

5月16日にメールをいただき、ありがとうございます。喜んでゲストスピーカーにならせていただきますし、あなたと、そちらの社員の皆様に会うのを楽しみにしています。しかしながら、2点お聞きしたいことと、1点お知らせしたいことがございます。

まずはじめに、宿泊施設はそちらで手配いただくことになるでしょうか、それとも私が自分で手配すべきでしょうか。鉄道の駅の近くに宿を予約したいので、おたずねしています。

第二に、スピーチのテーマや主題については何かお考えですか、もしくは、私が自分で自由に選んで構わないのでしょうか。私としては、どちらでもまったく問題ありません。もしすぐにお知らせいただければ、私はいくつかのアイデアを考え始められます。

最後に、翌日早くに横浜へ行く予定がありますので、みなさんたちと一緒に夜ふかしができないということをお知らせしなくてはなりません。午後10時か10時半終了で合意いただけますと、嬉しいです。

ほかにご質問や、相談なさりたいことがありましたら、555-1234まで、お電話下さいませ。

重ね重ねありがとうございます。直接お会いするのを楽しみにしております。

どうぞよろしくお願いします。

ミホ・ヤマダ

ボキャブラリー

語	発音	品詞	意味
delighted	[diláitid]	形	喜んで
look forward to			〜を楽しみに待つ
arrange	[əréindʒ]	動	手配する
book	[búk]	動	予約する
in mind			念頭に置いて
flexible	[fléksəbl]	形	柔軟性のある
mention	[ménʃən]	動	〜について述べる
stay up			寝ずに起きている
in person			じかに
guest speaker			来賓講演者
to start with			まず第一に
accommodation	[əkàmədéiʃən]	名	宿泊施設
topic	[tápik]	名	主題
totally	[tóutəli]	副	完全に
fairly soon			かなり早く
expect	[ikspékt]	動	予期する
appreciate	[əprí:ʃièit]	動	ありがたく思う

✓ セルフチェックポイント

自己判定

ポイント❶	書き出しの挨拶はできたか。	0 1 2 3 4
ポイント❷	相手の要求を理解し2つの質問と1つの情報を提示できたか。	0 1 2 3 4
ポイント❸	内容に具体性があったか。	0 1 2 3 4
ポイント❹	正しい語彙や構文を使えたか。	0 1 2 3 4
ポイント❺	ビジネスメールとしてふさわしい文体だったか。	0 1 2 3 4

Writing Test Four

Question 8

Write an opinion essay

Directions: In this part of the test, you will write an essay in response to a question that asks you to state, explain, and support your opinion on an issue. Typically, an effective essay will contain a minimum of 300 words.

Your response will be scored on

・whether your opinion is supported with reasons and examples

・grammar

・vocabulary

・organization

You will have 30 minutes to plan, write, and revise your essay.

ディレクション： このパートでは、ある問題についてあなたに意見、説明、そして意見の裏付けを要求する質問に対して作文をします。一般に、効果的な作文を書くには少なくとも300語が必要です。あなたの解答は、

・理由や例によってあなたの意見が裏付けられているか

・文法

・語彙

・構成

以上の4点で評価されます。

作文を考えて、書いて、見直しをするための時間は30分間です。

Directions: Read the question below. You have 30 minutes to plan, write, and revise your essay.

Do you agree or disagree with the following statement? "There'll never be a totally cashless society" Use specific reasons and examples to support your opinion.

> **和訳**
>
> **ディレクション：** 次の質問を読みなさい。内容を考えて、書いて、見直しをするための時間は30分間です。
>
> 次の意見について、あなたは賛成ですか、それとも反対ですか。「完全に"キャッシュレスな社会"は決して訪れない」。あなたの意見を裏付ける、具体的な理由と例をあげなさい。

ボキャブラリー

□ agree with	～に賛成である	□ disagree with	～に不賛成である
□ statement [stéitmənt] 图 意見		□ totally [tóutəli] 副 完全に	
□ cashless society キャッシュレス社会		□ specific [spisífik] 形 明確な	
□ support [səpɔ́ːrt] 動 支える			

> 解答例 1

<u>I agree with</u> the statement and there are several reasons why. <u>I think that</u> the general public will resist the idea of a totally cashless society. I think there are some situations when making cash payments is essential and necessary, and I personally prefer the feel of cash to bits of plastic. Having coins and notes is one way in which people can feel in control in a similar way to how some people prefer manual cars over automatics. Perhaps this kind of thinking is illogical but I think human psychology is often illogical, too.

<u>First,</u> I don't think that the general public will accept the idea of giving up cash completely. To do so would require people to put their trust completely in technology and I think we as humans hesitate to do that because we like to feel that we can retain some control or power.

<u>Second,</u> there are some situations when cash payments are preferred or even necessary. After a major disaster such as an earthquake, electricity supplies will almost certainly be cut off. As a result, bank ATM machines will be unlikely to function and then plastic cards are pretty much useless. Furthermore, with the breakdown of essential services, many traders will likely only accept cash as a means of payment.

<u>Finally,</u> I personally prefer the feel the cash rather than a piece of plastic. If I hold the cash in my hand, I get a feeling of its value. I feel that it is a true reward for the work that I have put in to get it. I remember when I was about nineteen years old

once holding a large wad of cash that I was going to pay into the bank. The feeling of having all of those crispy notes in my hand was quite exciting. Walking down the street with cash in my pocket makes me feel good about myself far more so than a few plastic cards.

In conclusion, I think that it is very unlikely that there will be a totally cashless society. I think that people lack trust in giving everything over to technology, there are some situations when coins and notes are essential, and I and many other people like the feel of cash in our pockets.

和訳

　私はその意見に賛成で、それにはいくつか理由があります。完全なキャッシュレス社会という考えについて、一般社会は抵抗すると思います。現金による支払いが最重要で必要ないくつかの状況があると思いますし、私は個人的に、プラスチックのかけらよりも現金の感触の方を好みます。コインと紙幣を持つことは、一部の人々がオートマ車よりマニュアル車を好むのと同様に、自分でコントロールできると感じられる1つの方法です。恐らく、この種の考え方は非論理的ですが、人間の心理もまた、しばしば非論理的なものなのだと思います。
　第一に、一般社会が現金を完全に放棄するという考えを受け入れるとは、私は思いません。そうするためには、人々がテクノロジーに対して完全に信頼を置くことが必要ですし、私たちは人間として、幾分かのコントロールや力を保持できると感じるのが好きだから、そうすることをためらうと思います。
　第二に、現金支払いがより好まれたり、必要でさえあるいくつかの状況があります。地震のような大災害の後、電力の供給はほぼ確実に止まるでしょう。結果として、銀行のATM機は機能しないでしょうし、プラスチックの（キャッシュ）カードはほぼ使い物になりません。さらに、不可欠のサービスが機能停止することによって、多くの商人は現金だけを支払いの手段として受け入れるでしょう。
　最後に、私は個人的に、プラスチックのかけらよりも現金の手触りの方が好きです。現金を手の中に持つと、私はその価値を感じ取ります。私はそれが、それを得るために携わった仕事への真の報いであると感じます。私が19歳くらいのころ、銀行へ支払うための大きな札束を手に持ったことを思い出します。その新品のお札を全部手に持つ気分はとてもわくわくするものでした。ポケットに現金を入れて通りを歩くと、何枚かのキャッシュカードを持つよりもはるかに、自分自身に満足できます。
　要するに、私は、完全にキャッシュレスな社会にはとてもなりそうにないと思います。私は、人々はテクノロジーに対して何もかも託すような信頼がないと思います。コインや紙幣が不可欠ないくつ

Writing Test Four

かの状況があり、私や他の多くの人々は、ポケットに入っている現金の感覚を好むのです。

ボキャブラリー

□ agree with		～に賛成である	□ statement	[stéitmənt]	名	意見
□ general public		一般社会	□ resist	[rizíst]	動	抵抗する
□ totally	[tóutəli]	副 完全に	□ cashless society			キャッシュレス社会
□ situation	[sìtʃuéiʃən]	名 状況	□ cash payment			現金払い
□ essential	[irsénʃəl]	形 不可欠な	□ personally	[pə́ːrsənəli]	副	個人的に
□ prefer	[prifə́ːr]	動 好む	□ bit	[bít]	名	破片
□ accept	[æksépt]	動 受け入れる	□ completely	[kəmplíːtli]	副	完全に
□ require	[rikwáiər]	動 求める	□ technology	[teknάlədʒi]	名	科学技術
□ hesitate	[hézətèit]	動 ためらう	□ retain	[ritéin]	動	保つ
□ feel in control		思いのままになると感じる	□ illogical	[ilάdʒikəl]	形	非論理的な
□ human psychology		人間の心理	□ disaster	[dizǽstər]	名	災害
□ electricity supply		電力供給	□ almost certainly			ほぼ確実に
□ unlikely	[ʌnláikli]	形 ありそうもない	□ function	[fʌ́ŋkʃən]	動	機能する
□ pretty much		ほとんど	□ furthermore	[fə́ːrðərmɔ̀ːr]	副	さらに
□ breakdown	[bréikdàun]	名 故障	□ trader	[tréidər]	名	商人
□ value	[vǽljuː]	名 価値	□ reward	[riwɔ́ːrd]	名	報酬
□ wad of cash		現金の札束	□ crispy	[kríspi]	形	新札の
□ conclusion	[kənklúːʒən]	名 結論	□ lack	[lǽk]	動	欠いている

> 解答例 2

I disagree and the reasons are that credit cards have already been slowly replacing cash usage and in the future, the convenience of using new technologies will likely render cash obsolete.

To begin, since the 1970s, a growing number of people have begun to use cash less as they increasingly pay on their credit cards. Credit cards offer people a convenient way to pay for items without relying on cash. With the introduction of online banking a few years ago, it is not even necessary for a person to even handle cash as payments and bills can be paid automatically by direct debit or by setting up a standing order via the Web. This has all happened in the last 40 years, so imagine what things will be like 100 years in the future. I'm convinced that we will no longer use cash by then.

Second, new technologies are already being developed and tested that further eradicate our reliance on cash. Some mobile phones are now equipped with payment chips which enable the user to scan their phone across a reader to pay for goods. The cost is then added onto a user's monthly mobile phone bill and paid automatically at the end of each month. In addition, other technology companies are working on glasses and watches that are likely to have similar payment abilities built into them. It will eventually get to the stage where using these new technologies becomes so easy, simple and convenient that cash will likely be viewed as cumbersome, inconvenient and slow.

Therefore, although I think the day when cash becomes obsolete is still quite far away, it will come. I think it would be approaching more quickly if so many people had not been brought up in a cash only environment. There are many elderly people who have no concept of the Internet and computers because they were born before such an age. That kind of person will always feel more comfortable using cash. However, they will eventually be replaced by a new generation of senior citizens who were brought up in an internet age and by that time a truly cashless society will likely be seen as natural, desirable and quite probably normal. In fact, perhaps we may even look back on banknotes and coins in a similar way to how we view the horse and cart in the present day.

> 和訳

　私はこの意見に反対です。なぜなら、クレジットカードは既に少しずつ現金の使用にとって代わっており、将来新しい技術を使うことの便利さが、現金をすたれさせそうだからです。
　まず、1970年代以来、クレジットカードで支払う機会が次第に増えるに従って、現金を使わなくなる人が増えています。クレジットカードは現金に頼らず商品の支払いをする便利な方法を人々にもたらしました。数年前のインターネットバンキングの導入に伴って、人は支払いにおいて現金を取り扱う必要すらなくなり、請求書は自動引き落としやウェブ経由で継続発注を設定することで自動的に支払われるようになりました。これはすべてこの40年で起こったことなので、これから100年後に事態がどのようになりそうか考えてみてください。私はそれまでに、我々が現金を使うことはなくなるだろうと確信しています。
　2番目に、さらに我々の現金への依存を根絶する新しい技術がすでに開発され試されています。一部の携帯電話は今や、ユーザーが自分の電話を読み取り機でスキャンすることで物品への支払いが可能になる支払用チップを備えています。そしてその費用は利用者の携帯電話月額使用料に加算され、月末に自動的に支払われます。加えて、他の技術系企業は、同様の支払い機能をメガネや腕時計に組み込む開発に取り組んでいます。最終的に、これらの技術を使うことが非常にたやすく、単純で便利であるために、現金がわずらわしく不便で時間がかかるものだとみなされそうな段階に達するでしょう。
　したがって、現金が過去のものになる日はいまだに遠く離れていると思いますが、その日は来るでしょう。もしこれほど多くの人々が現金オンリーの環境下で育てられてこなかったら、それはもっと

速く近づくだろうと思っています。インターネットやコンピュータの時代の前に生まれたために、それらについて全く知らないたくさんの年配者がいます。そのような人々は常に、現金を使う方が楽だと感じるでしょう。しかし最終的には、彼らはインターネット時代に育った年配層の新世代にとって代わられることでしょうし、そのころまでには、本当のキャッシュレス社会が当然で望ましく、確実に標準的とみなされるようになるでしょう。事実、恐らく私たちは紙幣やコインを、現在の私たちが馬と馬車に思いをめぐらすような気分で回想することでしょう。

ボキャブラリー

英語	発音	品詞	意味
□ disagree	[dìsəgríː]	動	同意しない
□ render	[réndər]	動	〜の状態にする
□ increasingly	[inkríːsiŋli]	副	次第に
□ with the introduction of			〜の導入に伴って
□ bill	[bíl]	名	請求書；紙幣
□ direct debit			自動引き落とし
□ standing order			継続発注
□ convinced	[kənvínst]	形	確信している
□ reliance on			〜への依存
□ scan	[skǽn]	動	スキャンする
□ be added onto			〜の上に加えられる
□ technology company			技術系企業
□ be built into			〜に組み込まれている
□ stage	[stéidʒ]	名	段階
□ far away			遠く離れて
□ bring up			〜を育てる
□ new generation			新世代
□ truly	[trúːli]	副	本当に
□ look back on			〜を回想する
□ view	[vjúː]	動	見る；考える
□ replace	[ripléis]	動	〜にとって代わる
□ obsolete	[àbsəlíːt]	形	すたれた
□ rely on			〜に頼る
□ online banking			ネットバンキング
□ automatically	[ɔ̀ːtəmǽtikəli]	副	自動的に
□ set up			〜を設定する
□ via	[váiə]	前	〜を経由して
□ eradicate	[irǽdəkèit]	動	全滅させる
□ equipped with			〜を備えている
□ reader	[ríːdər]	名	読み取り機
□ mobile phone bill			携帯電話の請求書
□ work on			(〜の開発)に取り組む
□ eventually	[ivéntʃuəli]	副	最終的に
□ cumbersome	[kʌ́mbərsəm]	形	わずらわしい
□ approach	[əpróutʃ]	動	近づく
□ have no concept of			〜について全く知らない
□ senior citizen			高齢者
□ desirable	[dizáiərəbl]	形	望ましい
□ banknote	[bǽŋknòut]	名	紙幣
□ present day			現代

✓ セルフチェックポイント　自　己　判　定

ポイント❶	意見・主張を絞り込めたか。		0 1 2 3 4 5
ポイント❷	その理由をしっかり提示できたか		0 1 2 3 4 5
ポイント❸	具体例で説得力を増せたか。		0 1 2 3 4 5
ポイント❹	正しい語彙や構文を使えたか。		0 1 2 3 4 5
ポイント❺	意見や主張が首尾一貫していたか。		0 1 2 3 4 5

Speaking & Writing Test Five

Speaking Test

Questions 1-2
Read a text aloud ··· 198

Question 3
Describe a picture ··· 202

Questions 4-6
Respond to questions ··· 204

Questions 7-9
Respond to questions using information provided ··· 207

Question 10
Propose a solution ··· 212

Question 11
Express an opinion ··· 215

Writing Test

Questions 1-5
Write a sentence based on a picture ··· 218

Questions 6-7
Respond to a written request ··· 224

Question 8
Write an opinion essay ··· 231

Speaking Test Five

Questions 1-2
Read a text aloud

🎧 CD-77

Question 1

Directions: In this part of the test, you will read aloud the text on the screen. You will have 45 seconds to prepare. Then you will have 45 seconds to read the text aloud.

ディレクション： このパートでは、画面に表示されるテキストを音読します。準備時間は45秒あります。そしてその後、あなたは45秒でテキストを音読します。

Now it is time for the weather forecast for this weekend brought to you in association with Everlast, the nation's leading camping goods store. It looks like the nice weather that we have been enjoying so far this week will continue into Friday, Saturday, and Sunday morning. However, by late Sunday afternoon we can expect some rain so don't forget your umbrella.

和訳

今週末の天気予報を、全国1位のキャンプ用品ストア、エバーラストの協力によってお届けする時間です。今週、今までのところ続いている好天は、金曜、土曜、日曜の朝まで続くと思われます。しかしながら、日曜日の午後遅くには雨が降ると予測されますので、傘をお持ちになるのをお忘れなく。

Speaking Test Five

解答例

Now it is **time** / for the weather **forecast** for this **weekend** / **brought** to you in **association** with **Everlast,** / the **nation's leading camping goods store.** / It looks like the **nice weather** / that we have been **enjoying** so far this **week** / will **continue** into **Friday,** / **Saturday,** / and **Sunday morning.** / **However,** / by **late Sunday afternoon** / we can **expect some rain** / so **don't forget** your **umbrella.** /

☆太字の語句は、やや強く読みましょう。

ボキャブラリー

□ weather forecast	天気予報	□ in association with	～の協力によって
□ nation [néiʃən]	图 国家	□ leading [líːdiŋ]	图 トップの
□ so far	今までのところ		

✓ セルフチェックポイント

		自 己 判 定
ポイント❶	45秒以内に読み終わったか。	[0] [1] [2] [3]
ポイント❷	何回も止まってしまわなかったか。	[0] [1] [2] [3]
ポイント❸	機能語を強く読み過ぎなかったか。	[0] [1] [2] [3]
ポイント❹	英文の内容を考えながら読めたか。	[0] [1] [2] [3]
ポイント❺	[l] と [r] の違いを意識できたか。	[0] [1] [2] [3]

Question2

🔴 CD-79

Directions : In this part of the test, you will read aloud the text on the screen. You will have 45 seconds to prepare. Then you will have 45 seconds to read the text aloud.

ディレクション： このパートでは、画面に表示されるテキストを音読します。準備時間は45秒あります。そしてその後、あなたは45秒でテキストを音読します。

Thank you for calling Cherry Tree Gardening Services. Our prices and service are second to none and we undertake all kinds of work. We are currently unable to answer your call; however, if you leave your name, the reason for your call, and your contact details, we will get back to you as soon as possible.

和訳

チェリーツリー・ガーデニングサービスへお電話いただきありがとうございます。私どもの価格とサービスは、どこにも負けませんし、どんな種類の仕事もお引き受けいたします。現在、当社はあなたのお電話にお答えできませんが、お名前と、お電話くださった理由、そして詳細な連絡先を残していただけたら、可能な限り早く、こちらから折り返しご連絡を差し上げます。

Speaking Test Five

解答例

Thank you for calling Cherry Tree Gardening Services. / Our prices and service are second to none / and we undertake all kinds of work. / We are currently unable to answer your call; / however, / if you leave your name, / the reason for your call, / and your contact details, / we will get back to you / as soon as possible. /

☆太字の語句は、やや強く読みましょう。

ボキャブラリー

□ second to none　だれにも負けない	□ undertake [ʌ̀ndərtéik] 動 引き受ける
□ currently [kə́:rəntli] 副 今のところ	□ contact detail　詳細な連絡先
□ get back to　～に折り返し連絡する	

✓ セルフチェックポイント

自己判定

ポイント❶	45秒以内に読み終わったか。	0 1 2 3
ポイント❷	何回も止まってしまわなかったか。	0 1 2 3
ポイント❸	機能語を強く読み過ぎなかったか。	0 1 2 3
ポイント❹	英文の内容を考えながら読めたか。	0 1 2 3
ポイント❺	単語のアクセントを間違えなかったか。	0 1 2 3

Question3

Describe a picture

CD-81

Question3

Directions: In this part of the test, you will describe the picture on your screen in as much detail as you can. You will have 30 seconds to prepare your response. Then you will have 45 seconds to speak about the picture.

ディレクション: このパートでは、画面に表示される写真について、できるだけ詳しく描写します。準備時間は30秒あります。そしてその後、あなたは45秒で写真について話してください。

Speaking Test Five

CD-82

解答例

This is a picture of some kind of street vendor. The customer has just bought something and is holding it in his hand. He is wearing a brown coat and sunglasses. I guess that he is about sixty years old. He is standing on some steps. Behind him, I can see the counter and the vendor. The vendor is wearing a red hat. I can also see what might be a menu and a handrail.

和訳

これは、ある種の露天商の写真です。お客さんがちょうど何かを買って、手に持っているところです。彼は茶色のコートとサングラスを身に付けています。彼は60歳ぐらいだと思います。彼は何段かの階段の上に立っています。彼の後ろには、カウンターと販売者が見えます。販売者は赤い帽子をかぶっています。また、メニューと手すりと思われるものが見えます。

ボキャブラリー

□ street vendor		露店商人	□ customer	[kʌ́stəmər]	図	顧客
□ step	[stép]	図 (階)段	□ counter	[káuntər]	図	カウンター
□ vendor	[véndər]	図 売る人	□ what might be			～かもしれないもの

✓ セルフチェックポイント

		自己判定
ポイント❶	場所の説明ができたか。	0 1 2 3
ポイント❷	見えるものの説明ができたか。	0 1 2 3
ポイント❸	人物の動作が説明できたか。	0 1 2 3
ポイント❹	見えるものの場所が説明できたか。	0 1 2 3
ポイント❺	大きな空白を作らず45秒近く話せたか。	0 1 2 3
ポイント❻	発音、イントネーション、アクセントは正しかったか。	0 1 2 3

Questions 4-6

Respond to questions

CD-83

Directions: In this part of the test, you will answer three questions. For each question, begin responding immediately after you hear a beep. No preparation time is provided. You will have 15 seconds to respond to Questions 4 and 5 and 30 seconds to respond to Question 6.

ディレクション： このパートでは、3つの質問に答えます。ピーッという音が鳴ったらすぐに、それぞれの質問に答え始めてください。準備時間はありません。Question4と5には15秒で、Question 6には30秒で答えてください。

Imagine that a U.S. marketing firm is doing research in your country. You have agreed to participate in a telephone interview about candy bars.

和訳

アメリカの市場調査会社が、あなたの国でリサーチを実施しているとします。あなたは、チョコバーに関する電話インタビューを受けることに同意しています。

Speaking Test Five

Question4

Who in your family usually eats the most candy bars?

和訳

あなたの家族の中で、ふだん一番たくさんチョコバーを食べるのはだれですか。

解答例

I think I probably eat the most candy bars because I have a sweet tooth. My mother and father are not so keen on candy, to be honest.

和訳

私は甘党なので、たぶん、私が一番たくさんのチョコバーを食べていると思います。正直なところ、私の母と父は、お菓子に対してそれほど夢中ではありません。

Question5

Do you eat more candy bars now than when you were a child?

和訳

あなたは子供のころよりもたくさんのチョコバーを今食べますか。

解答例

I think so, as I have more money now. When I was a child, I did not have enough money to buy many candy bars.

和訳

私は今よりお金を持っていますので、そうだと思います。子供のころ、私はたくさんのチョコバーを買うのに十分なお金を持っていませんでした。

Question6

Describe your favorite candy bar.

和訳

あなたの好きなチョコバーについて説明してください。

解答例

My favorite candy bar is called a Supreme Bar. It is made by a company called Laslett Confectionary. It costs about a dollar and I like it because the chocolate tastes really nice as it is quite dark and there is a layer of caramel inside. It comes in a kind of blue and purple wrapper. Look out for it! I think you might like it, too.

和訳

私の大好きなチョコバーは、スープリーム・バーと呼ばれています。それはラズレット・コンフェクショナリーという名前の会社によって作られています。値段は約1ドルで、チョコレートが濃くて、中にキャラメルの層が入っていて、とてもおいしいので好きなのです。それは青と紫の包装紙に包んで売られています。チェックしてみて下さい。あなたも気に入ると思いますよ。

ボキャブラリー

□ candy bar	チョコバー	□ have a sweet tooth		甘党である
□ keen on	〜に熱中している	□ layer	[léiər]	图 層
□ come in	〜の形で売られる	□ wrapper	[rǽpər]	图 包装紙
□ look out for	〜を注意して探す			

✓ セルフチェックポイント

		自 己 判 定
ポイント❶	Q4 で人物について答えられたか。	0 1 2 3
ポイント❷	比較表現を正しく使えたか。	0 1 2 3
ポイント❸	Q5 の質問を理解し、正しく答えたか。	0 1 2 3
ポイント❹	Q6 では具体的にしっかり表現できたか。	0 1 2 3
ポイント❺	Q6 では極端に話をそらさずに 30 秒話せたか。	0 1 2 3

Speaking Test Five

Questions 7-9 🅾 CD-87
Respond to questions using information provided

Directions : In this part of the test, you will answer three questions based on the information provided. You will have 30 seconds to read the information before the questions begin. For each question, begin responding immediately after you hear a beep. No additional preparation time is provided. You will have 15 seconds to respond to Questions 7 and 8 and 30 seconds to respond to Question 9.

ディレクション： このパートでは、提示される情報に基づいて3つの質問に答えます。質問が始まる前に、30秒、提示される情報を読む時間があります。ピーッという音を聞いたらすぐに、それぞれの質問に答え始めてください。準備時間はありません。Question 7と8には15秒で、Question 9には30秒で答えてください。

Westmount Computers
Closing Down Sale!!!

All stock must go!!!!

Computer Hardware – 40% off

Computer Software – 30% off

Spend over $30 and receive a free pack of blank CDs

Spend over $100 and receive an extra 20% off

Store closes on Saturday, February 5*

224 Kensington Road, New York

*Our customer service department will continue to operate until July 1.
Contact 555-4265.

[Narrator]

Hi, I've just heard that you are having some kind of sale. I'd like to ask you about it.

ボキャブラリー

☐ closing down sale	閉店セール	☐ stock [sták] 图 在庫品
☐ hardware [háːrdwèər] 图 ハードウェア	☐ software [sɔ́ftwèər] 图 ソフトウェア
☐ a pack of	～の1包み	☐ blank [blǽŋk] 厖 未使用の
☐ extra [ékstrə] 厖 追加の	☐ customer service department 顧客サービス部
☐ operate [ápərèit] 動 営業する		

Speaking Test Five

> 和訳

**ウエストマウント・コンピュータ
閉店セール!!!**

全品売り尽くし!!!!

コンピュータ・ハードウエア – 40%引き
コンピュータ・ソフトウエア – 30%引き

30ドル以上お買い上げで、未使用のCDセットを差し上げます
100ドル以上お買い上げでさらに20%引きになります

閉店は2月5日土曜日
ニューヨーク、ケンジントン通り224

*私どもの顧客サービス部は、7月1日まで対応しております。
555-4265までお電話ください。

〔音声メッセージ〕
こんにちは、そちらで何かセールをやると聞きました。それについてあなたに聞きたいことがあります。

Question 7

What kind of sale is it and when will it end?

> 和訳

どんな種類のセールで、それはいつ終わりますか。

> 解答例

It is a closing down sale and it will end on Saturday, February 5.

> 和訳

それは閉店セールで、2月5日の土曜日に終わります。

Question8

Will I be able to contact anyone at Westmount Computers after February 5 if I have a problem?

> 和訳

もし問題が発生した場合、私は2月5日以降ウエストマウント・コンピュータのどなたかと連絡できますか。

> 解答例

Yes. You can still contact the customer service department by phone until July 1 and the number is 555-4265.

> 和訳

はい。7月1日までは、555-4265の顧客サービス部に電話で連絡をとっていただけます。

Speaking Test Five

Question9

🎧 CD-90

Can you tell me about the various discounts you are offering and what kind of deals I can get?

和訳

そちらが提供しているいろんな値引きについて、また、どんな買い物ができるか、教えてもらえますか。

解答例

Let me see. <u>First</u>, hardware is 40% off and software is 30% off. <u>Second</u>, you will receive a free pack of CDs if you spend over $30. Finally, you will receive an additional 20% off if you spend over $100.

和訳

そうですね。まず、ハードウェアは40%引きで、ソフトウェアは30%引きです。次に、30ドル以上お買い上げいただけましたら、未使用のCDを無料でお受け取りいただけます。最後に、100ドル以上お買い上げの場合、さらに20%引きさせていただきます。

ボキャブラリー

□ various [véəriəs] 形 いろいろな		□ offer [ɔ́:fər] 動 提供する	
□ deal [di:l] 名 取引		□ additional [ədíʃənl] 形 追加の	

✓ セルフチェックポイント

	自 己 判 定
ポイント❶ 長い時間をおかず各設問に答えられたか。	0 1 2 3
ポイント❷ Q7 の種類と期日を正しく言えたか。	0 1 2 3
ポイント❸ Q8 で、正しい答えを返せたか。	0 1 2 3
ポイント❹ Q9 で、正しい答えを返せたか。	0 1 2 3
ポイント❺ Q9 で、大きな空白を置かずに 25 秒以上話せたか。	0 1 2 3

Question10

Propose a solution

Directions: In this part of the test, you will be presented with a problem and asked to propose a solution. You will have 30 seconds to prepare. Then you will have 60 seconds to speak.
In your response, be sure to
・show that you recognize the problem
・propose a way of dealing with the problem

ディレクション: このパートでは、提示された問題に対して解決策を提示します。準備時間は30秒です。そしてその後、60秒で話してください。
答えるときには、以下の事に注意してください。
・問題を把握していることを示す
・問題に対応する方法を提案する

Hello. My name is Jim Murphy and I am the owner of the Hummingbird Music Store here in Bradfield City. I'm hoping that someone at the small business advice bureau can help me. You see, ever since a new superstore opened just down the road, I have been losing a lot of customers. I cannot compete with the lower prices that they offer on records and CDs but I can compete on both musical knowledge and on customer service. Our city has a university, a concert hall, and thousands of foreign visitors each year. I just need suggestions on how to better market my store and how to get more customers in the door. Call me, this is Jim Murphy and my number is 555-8745.

Speaking Test Five

> **和訳**

こんにちは。私の名前はジム・マーフィー、ここブラッドフィールドシティにあるハミングバード・ミュージックストアのオーナーです。小企業向け相談所のどなたかに、力をお貸しいただきたいのです。ご存じの通り、この道のちょっと向こうにスーパーストアがオープンして以来、私はたくさんの顧客を失い続けているのです。彼らが提供するレコードやCDの安い値段と張り合うことはできませんが、私は音楽に関する知識や顧客サービスの面では競争できます。私たちの街には大学やコンサートホールがあり、そして毎年何千人もの外国人観光客が訪れます。私は私の店をもっとうまく売り込み、店を訪れる顧客をさらに獲得する方法に関する提案を求めています。こちらはジム・マーフィー、電話番号555-8745まで、お電話をください。

> **ボキャブラリー**

□ small business	小企業	□ advice bureau		相談所
□ ever since	～以来	□ superstore	[súːpərstɔ̀ːr] 图	スーパーストア
□ compete with	～と張り合う	□ offer	[ɔ́ːfər] 動	提供する
□ compete on	～で競争する	□ suggestion	[səgdʒéstʃən] 图	提案

CD-92

> **解答例**

This is a message for Jim Murphy. This is (your name) returning your call. Thank you for calling the small business advice bureau. Your message said that you would like to hear some suggestions on how to better market your store and get more customers. To be honest, your situation is not uncommon when a new superstore opens nearby. To start with, I suggest offering a discount to university students. In addition, you could showcase your store by sponsoring a musical quiz night and offering a small prize. You could even host the event at your store. Regarding the foreign tourists, contact the local tourist office and see if you can advertise in any brochures that they give out to tourists. If you would like to hear any other suggestions, call me. This is (your name) and you can reach me at 555-1234. Thanks.

> 和訳

これはジム・マーフィーさんへのメッセージです。（自分の名前）が、あなたにお返事差し上げています。小企業相談所へお電話いただき、どうもありがとうございます。あなたのメッセージによると、どうやってあなたの店をもっとうまく売り込み、より多くのお客を獲得するかについての助言をいくつか聞きたいということでした。正直に申しますと、スーパーストアが近くにオープンしたときには、あなたのような状況になることは、めずらしいことではありません。まずはじめに、大学生に割引をしてみてはいかがでしょうか。加えて、あなたは、音楽関係のクイズナイトを後援し、小さな賞を提供することで、店の紹介をすることができます。あなたはまた、自分の店でイベントを開催することもできます。海外の旅行者については、地元の観光局に連絡をして、外国人旅行者に配っているパンフレットのどれかに、あなたが広告を載せられるかどうかを問い合わせましょう。ほかに何か提案をお聞きになりたいようでしたら、私に電話してください。こちらは（自分の名前）で、電話番号は555-1234です。よろしく。

ボキャブラリー

□ to be honest		正直に言うと	□ situation [sitʃuéiʃən] 名	状況
□ uncommon [ʌnkámən] 形		珍しい	□ nearby [nìərbái] 副	近所に
□ to start with		手始めに	□ discount [dískaunt] 名	割引
□ in addition		さらに	□ showcase [ʃóukèis] 動	紹介する
□ sponsor		～に資金援助する	□ quiz night	クイズナイト(イベントの一種)
□ prize [práiz]	名	賞	□ host [hóust] 動	主催する
□ regarding [rigáːrdiŋ] 前		～に関して	□ advertise in	～に広告を出す
□ brochure [brouʃúər] 名		パンフレット	□ give out	～を配布する
□ reach [ríːtʃ]	動	連絡する		

✓ セルフチェックポイント

		自 己 判 定
ポイント❶	自己紹介を適切にできたか。	0 1 2 3 4 5
ポイント❷	相手の問題を理解していることを示せたか。	0 1 2 3 4 5
ポイント❸	分かりやすく具体的な解決策を提示できたか。	0 1 2 3 4 5
ポイント❹	結びの提案や挨拶は適切にできたか。	0 1 2 3 4 5
ポイント❺	大きな空白を作らず 50 秒以上話せたか。	0 1 2 3 4 5

Speaking Test Five

Question 11
Express an opinion

CD-93

Directions: In this part of the test, you will give your opinion about a specific topic. Be sure to say as much as you can in the time allowed. You will have 15 seconds to prepare. Then you will have 60 seconds to speak.

ディレクション： このパートでは、特定のトピックについて意見を述べます。時間が許す限り、できるだけたくさん話してください。準備時間は15秒です。そしてその後、60秒で話してください。

Would you prefer to receive a higher monthly salary or to receive an end-of-year bonus in recognition of your good work performance? Give specific reasons and examples to support your opinion.

和訳

仕事上の優秀な成績の報酬として、月々の給料が今より多いのと、年末にボーナスを受け取るのとどちらがよいですか。あなたの意見の裏付けとなる具体的な理由と例を示しなさい。

ボキャブラリー

□ prefer	[prifə́ːr]	動	(より)好む	□ monthly salary		月給
□ end-of-year		形	年末の	□ in recognition of		〜の見返りとして
□ work performance			勤務成績	□ specific	[spisífik]	形 具体的な
□ support	[səpɔ́ːrt]	動	裏付ける	□ look forward to		〜を楽しみに待つ
□ lump sum			一括払い金額	□ enforced	[infɔ́ːrst]	形 強制的な
□ saving	[séiviŋ]	名	貯金	□ scheme	[skíːm]	名 計画
□ fritter away			浪費する	□ extra	[ékstrə]	形 余分な
□ have 〜 to show for it			努力の結果〜が生じる	□ significant	[signífikənt]	形 意味のある
□ latter	[lǽtər]	名	後者	□ former	[fɔ́ːrmər]	名 前者

解答例 1 〔CD-94〕

<u>I would prefer to</u> receive an end-of-year bonus for the following reasons. <u>First,</u> it gives me something to look forward to. If I know that I will get a lump sum at the end of the year, then that is quite exciting for me, it feels similar to receiving a Christmas present. <u>Second, I</u> consider an end-of-year bonus to be like a kind of enforced saving scheme. If I receive a higher monthly salary, I will probably fritter away the extra cash and have little to show for it at the end of each year. By receiving the money at the end of the year, I get a lump sum that I can use to buy something significant such as a car, a computer, or even to pay for a foreign vacation. <u>It is for these reasons that</u> I would choose the latter rather than the former.

和訳

私は次のような理由から、年末にボーナスを受け取ることを好みます。第一に、それは楽しみにできるものだからです。年末に一括支払いを受けられると知っていれば、それは、クリスマスプレゼントを受け取るときの気持ちに似て、私にとってとても興奮することです。第二に、年末のボーナスは、一種の強制的な貯金計画のようなものになります。もし私がより高額の月収を受け取るなら、私はきっとその差額を浪費してしまい、毎年末にこれといった成果を上げられないでしょう。年末にお金を受け取ることによって、私は、車やコンピュータや海外で過ごす休暇に至るまで、何か重要なものを買うために使える金額を手にします。このような理由によって、私は前者よりも後者を選びます。

解答例 2 〔CD-95〕

I would prefer to receive a higher monthly salary. The first reason is that if I decide to leave my company before the end of the year, I will receive no extra money. This means that I am committed to staying with my current employer until the end of

Speaking Test Five

the year regardless of whether or not I am happy. The second reason is that I need more money right now and cannot afford to wait until the end of the year. My wife has just had a child and we have a lot of expenses. In addition, the rent on my apartment has just increased so having some extra money right now would be a great help to us.

和訳

私は月給がより高い方がいいと思います。最初の理由は、もし私が年末までに退職することを決めた場合、私は追加のお金を受け取れないことです。これは、私満足しているかどうかにかかわらず、現在の雇用主の元に年末までとどまるしかないことを意味します。2番目の理由は、私はより多くのお金が今すぐに必要で、年末まで待っている余裕がないということです。私の妻が子供を産んだばかりで、出費がかさむのです。加えて、私のアパートの家賃がちょうど値上がりしたばかりなので、今すぐに追加の収入があると、とても助かるのです。

ボキャブラリー

□ prefer	[prifə́ːr]	動	〜をより好む	□ leave company		退職する
□ extra	[ékstrə]	形	余分な	□ committed to		〜に身を投じている
□ current	[kə́ːrənt]	形	現在の	□ employer	[implɔ́iər]	名 雇用主
□ regardless of			〜にかかわらず	□ right now		今すぐに
□ cannot afford to			〜する余裕がない	□ expense	[ikspéns]	名 出費
□ in addition			さらに	□ rent	[rént]	名 家賃
□ apartment	[əpɑ́ːrtmənt]	名	アパート	□ right now		今すぐに

✓ セルフチェックポイント　　　　　自　己　判　定

ポイント❶	意見・主張を絞り込めたか。	[0] [1] [2] [3] [4] [5]
ポイント❷	その理由をしっかり提示できたか。	[0] [1] [2] [3] [4] [5]
ポイント❸	具体例で説得力を増せたか。	[0] [1] [2] [3] [4] [5]
ポイント❹	正しい語彙や構文を使えたか。	[0] [1] [2] [3] [4] [5]
ポイント❺	大きな空白を作らず50秒以上話せたか。	[0] [1] [2] [3] [4] [5]

Writing Test Five

Questions 1-5

Write a sentence based on a picture

Questions 1-5

Directions: In this part of the test, you will write ONE sentence that is based on a picture. With each picture, you will be given TWO words or phrases that you must use in your sentence. You can change the forms of the words, and you can use the words in any order.

Your sentence will be scored on and
・the appropriate use of grammar
・the relevance of the sentence to the picture

In this part, you can move to the next question by clicking on Next. If you want to return to a previous question, click on Back. You will have 8 minutes to complete this part of the test.

ディレクション： このパートでは、写真に基づく1文を書きます。それぞれの写真について、文中で使わなくてはならない2つの単語または句が与えられます。単語は形を変えてもよいですし、使う順番も問いません。
あなたの文は、
・文法の適切な使用と
・写真と文との関連性
以上2点について採点されます。
このパートでは、「Next」をクリックして次の問題に行けます。もし戻りたければ「Back」をクリックします。このパート全体で、回答時間は8分です。

Writing Test Five

Question 1

man / stand

解答例

A man is standing on a beach with some children.

和訳

1人の男性が、数人の子供たちと一緒に浜辺に立っています。

Question2

entrance / between

> 解答例

The <u>entrance</u> is <u>between</u> some benches.

> 和訳

その入り口は、いくつかのベンチの間にあります。

Writing Test Five

Question3

wait / while

> **解答例**

Some people are waiting at the curb while the light is red.

> **和訳**

数名の人々が、赤信号の間歩道で待っています。

Question4

glass / after

> 解答例

Some glasses have been left on the table after the customers have left.

> 和訳

お客が帰った後、いくつかのグラスがテーブルの上に残されています。

Writing Test Five

Question5

merchandise / although

解答例

Although the merchandise is on the tables, nobody is looking at it.

和訳

商品がテーブル上にのっているのに、だれもそれを見ていません。

✓ セルフチェックポイント	自 己 判 定
ポイント❶ Q1 の必須語を使って写真の内容を表現できたか。	[0] [1] [2] [3]
ポイント❷ Q2 の必須語を使って写真の内容を表現できたか。	[0] [1] [2] [3]
ポイント❸ Q3 の必須語を使って写真の内容を表現できたか。	[0] [1] [2] [3]
ポイント❹ Q4 の必須語を使って写真の内容を表現できたか。	[0] [1] [2] [3]
ポイント❺ Q5 の必須語を使って写真の内容を表現できたか。	[0] [1] [2] [3]

Questions 6-7

Respond to a written request

Directions : In this part of the test, you will show how well you can write a response to an e-mail.

Your response will be scored on
- the quality and variety of your sentences
- vocabulary
- organization

You will have 10 minutes to read and answer each e-mail.

ディレクション： このパートでは、メールに対して返事を書きます。
あなたのメールは、
・文の質とバリエーション
・語彙
・構成
以上3点で評価されます。
メールを読んで書くための時間は10分あります。

Question 6

Directions : Read the e-mail below.

From: Linda Roberts, Head Librarian
To: Paula Simpson, Assistant Librarian
Subject: Book Inventory
Sent: January 16

According to our recent inventory check, there are currently around 400 books that have not been returned by their due dates. How can we encourage library patrons to return these overdue items?

Directions : Respond to the e-mail as if you are Paula Simpson, the assistant librarian. In your e-mail, make THREE suggestions.

和訳

ディレクション： 次のメールを読みなさい。

差出人：リンダ・ロバーツ　図書館長
宛先：ポーラ・シンプソン　司書補佐
件名：本の在庫
送信日：1月16日

最近の在庫チェックによると、現在のところ約400冊の本がそれぞれの期日までに返却されていません。図書館の利用者が期限切れの本を返却するよう促すには、どうしたらいいのでしょう。

ディレクション： 司書補佐であるポーラ・シンプソンになったつもりで、返信メールを書きなさい。メールでは、3つの提案をしなさい。

ボキャブラリー

□ librarian	[laibréəriən]	图	図書館員	□ inventory	[ínvəntɔ̀:ri]	图 在庫調べ
□ currently	[kə́:rəntli]	副	今のところ	□ due date		締め切り期日
□ encourage	[inkə́:ridʒ]	動	促す	□ library patron		図書館利用者
□ overdue	[òuvərdjú:]	形	期日を過ぎた	□ respond to		〜に応答する
□ suggestion	[səgdʒéstʃən]	图	提案			

解答例

Dear Linda,

I am writing in response to your e-mail. I have been thinking about the same thing, too.

To start with, why don't we send out a reminder to all library patrons of the need to return books on time? I think a lot of people simply forget.

In addition, how about offering a one-month book amnesty? During the amnesty period, patrons can return overdue books without incurring a fine.

Finally, if neither of the above suggestions work, then I suggest that we simply write off the lost books, put in an order for replacements, and ban violators from borrowing any further books in future. Let's try the first two suggestions before we go down this road, though.

Thanks,

Paula

Writing Test Five

> 和訳

リンダ様

あなたからのメールへの返事です。私も同じことを考えていました。
まずはじめに、すべての図書館利用者に、期限通りに本を返却するという必要があると知らせる通知状を送ってはどうでしょうか。多くの人たちは、ただ単に忘れているだけだと思うので。
加えて、1カ月の猶予期間を提案してはいかがでしょうか。猶予期間の間は、利用者は延滞図書を、罰金を科せられることなく返却することができます。
最後に、もし前述の提案がどちらも機能しなかった場合、私は、なくなった図書を単純に帳消しにし、代わりの本を注文し、そして違反者が将来これ以上本を借りるのを禁止することを提案します。でもこの方策の前に、最初の2つの提案をまずは試してみましょう。
よろしく。

ポーラ

ボキャブラリー

語句	発音	意味
in response to		～に応えて
send out		～を発送する
on time		時間どおりに
in addition		さらに
amnesty	[æmnəsti]	名 恩赦
fine	[fáin]	名 罰金
write off		～を回収不能とみなす
replacement	[ripléismənt]	名 代用品
violator	[váiəlèitər]	名 違反者
further	[fə́ːrðər]	形 これ以上の
to start with		手始めに
reminder	[rimáindər]	名 思い出させるもの
simply	[símpli]	副 単に
offer	[ɔ́ːfər]	動 申し出る
incur	[inkə́ːr]	動 負う
neither of		どちらも～でない
put in an order for		～を注文する
ban	[bǽn]	名 禁止
borrow	[bɑ́rou]	動 借りる

✓ セルフチェックポイント　　　自 己 判 定

ポイント❶	書き出しの挨拶はできたか。	0 1 2 3 4
ポイント❷	相手の要求を理解し3点の案を提示できたか。	0 1 2 3 4
ポイント❸	内容に具体性があったか。	0 1 2 3 4
ポイント❹	正しい語彙や構文を使えたか。	0 1 2 3 4
ポイント❺	ビジネスメールとしてふさわしい文体だったか。	0 1 2 3 4

Question 7

Directions: Read the e-mail below.

> From: Ben Williams, Manager, Eldorado Restaurant
> To: Ken Lawson
> Subject: 10th anniversary dinner
> Sent: March 3
>
> Thank you for choosing my restaurant to be the venue for your 10th anniversary dinner. We will endeavor to meet your every requirement. Please let me know if you have any specific requests.

Directions: Respond to the e-mail as if you are Ken Lawson. In your e-mail, make TWO requests and explain ONE problem.

和訳

ディレクション： 次のメールを読みなさい。

差出人：ベン・ウィリアムズ　エルドラド・レストラン　支配人
宛先：ケン・ローソン
件名：１０周年ディナー
送信日：３月3日

10周年記念のディナーの場として私どものレストランをお選びいただき、ありがとうございます。当店はお客様のすべてのご要望にお応えする努力をいたします。もし具体的なご要望がありましたらお知らせください。

ディレクション： ケン・ローソンになったつもりで、返信メールを書きなさい。メールでは、2つの要望と1つの問題を示しなさい。

Writing Test Five

ボキャブラリー

□ anniversary	[ænəvə́ːrsəri]	名	～周年記念日	□ venue	[vénjuː]	名	開催地
□ endeavor	[indévər]	動	努める	□ requirement	[rikwáiərmənt]	名	必要条件
□ specific	[spisífik]	形	具体的な	□ respond to			～に応える

解答例

Dear Mr. Williams,

Thank you for your recent e-mail regarding my company's 10th anniversary dinner.
I don't want to trouble you too much; however, I would like to make two requests.
First, there are fifty people attending and we would like ten tables of five if that is possible. If it is not possible, can you advise me on alternative seating arrangements?
Second, is there any chance that I can sample the menu before the actual event? If this is an option, can you let me know a suitable time and date?
Finally, two of our employees are allergic to nuts and three of them are also vegetarian. Therefore, can you please take these factors into account when designing the menu?
Thank you very much.

Yours,

Ken Lawson

和訳

ウィリアムズ様

当社の10周年記念ディナーについてメールでご連絡いただきありがとうございます。
あなたのお手をあまり煩わせたくありませんが、2つお願いしたいことがあります。
まず、50人が参加しますので、もし可能なら、5人がけのテーブルを10個ご用意ください。
もし可能でない場合、代わりの席の配置をアドバイスしていただけます。
次に、実際のイベントの前に、メニューを試食するチャンスはあるでしょうか。もしこれが選べるのなら、適当な時間と日付をお教えいただけますか。
最後に、当社の2人の従業員はナッツのアレルギーで、3人がベジタリアンです。そのため、メニューを組み立てる際に、これらの事情を考慮に入れていただけますか。
どうぞよろしくお願いします。

敬具

ケン・ローソン

ボキャブラリー

語	発音	品詞	意味
regarding	[rigáːrdiŋ]	前	〜について
alternative	[ɔːltə́ːrnətiv]	形	代わりの
sample	[sǽmpl]	動	試食する
suitable	[súːtəbl]	形	適切な
vegetarian	[vèdʒətέəriən]	名	ベジタリアン
design	[dizáin]	動	計画する
trouble	[trʌ́bl]	動	迷惑をかける
seating arrangement			席の配置
actual	[ǽktʃuəl]	形	実際の
allergic to			〜にアレルギーがある
take 〜 into account			〜を考慮する

セルフチェックポイント　　　自己判定

ポイント❶	書き出しの挨拶はできたか。	0 1 2 3 4
ポイント❷	相手の要求を理解し2つの要望と1つの問題を提示できたか。	0 1 2 3 4
ポイント❸	内容に具体性があったか。	0 1 2 3 4
ポイント❹	正しい語彙や構文を使えたか。	0 1 2 3 4
ポイント❺	ビジネスメールとしてふさわしい文体だったか。	0 1 2 3 4

Writing Test Five

Question 8

Write an opinion essay

Directions: In this part of the test, you will write an essay in response to a question that asks you to state, explain, and support your opinion on an issue. Typically, an effective essay will contain a minimum of 300 words.

Your response will be scored on
- whether your opinion is supported with reasons and examples
- grammar
- vocabulary
- organization

You will have 30 minutes to plan, write, and revise your essay.

ディレクション： このパートでは、ある問題についてあなたに意見、説明、そして意見の裏付けを要求する質問に対して作文をします。一般に、効果的な作文を書くには少なくとも300語が必要です。
あなたの回答は、
・理由や例によってあなたの意見が裏付けられているか
・文法
・語彙
・構成
以上の4点で評価されます。
作文を考えて、書いて、見直しをするための時間は30分間です。

Directions: Read the question below. You have 30 minutes to plan, write, and revise your essay.

Do you agree with the following statement? "To be successful in business, who you know is more important than what you know." Give specific reasons and examples to support your opinion.

> **和訳**
>
> **ディレクション：** 次の質問を読みなさい。内容を考えて、書いて、見直しをするための時間は30分間です。
>
> 次の意見について、あなたは同意しますか。「ビジネスで成功するためには、何を知っているかよりもだれを知っているかの方が大切です」。あなたの意見を裏付ける、具体的な理由と例をあげなさい。

ボキャブラリー

□ agree with	～に賛成する	□ statement [stéitmənt]	名	意見
□ be successful in	～に成功する	□ specific [spisífik]	形	具体的な
□ support [səpɔ́ːrt] 動 裏付ける				

Writing Test Five

> **解答例 1**

I agree with the statement and there are several examples that I can provide you with.

First, the old boy network is very strong in many businesses around the world. These networks are formed from people having been educated in the same schools, same universities, and extend into many types of business. In the U.K. this old boy network appears to be dominated by former students of schools such as Eton, Harrow and universities such as Oxford and Cambridge. Because a lot of business dealings are based around mutual trust, having known someone for many years prior will likely result in a greater degree of trust being shown by both parties.

Second, getting a job is very hard for young people unless they have some kind of previous relevant experience. One of the best ways for young people to get relevant experience is via an internship, often unpaid. I have read that many young people tend to get access to these internship opportunities as a result of a few phone calls from their mother or father to old friends that they either work with or know well. I would not be surprised if this were true.

Finally, even if you are not a member of an old boy network, it is still essential to have a wide variety of contacts when doing business. Many of my coworkers have hundreds and hundreds of business cards that they have received from other people. The more contacts that somebody has, the more likely they are to be able to network and to make new deals.

In conclusion, although what you know is important, I agree that who you know is more important if you want to be successful in business. Knowing many people opens doors to jobs, results in greater levels of mutual trust, and allows for more chances for good deals to happen.

> 和訳

　私はその意見に賛成で、あなたに提示できるいくつかの例があります。
　第一に、世界中の多くの業種において、同窓ネットワークは非常に強力です。これらのネットワークは、同じ学校、同じ大学で教育を受けた人たちで形成されており、さまざまなタイプの業種に広がっています。英国では、この同窓グループはイートンやハローのような学校や、オックスフォードやケンブリッジのような大学の卒業生に支配されているように見えます。多くの商取引は相互信頼に基づくので、だれかを何年も前から知っていることはおそらく、両者のより素晴らしい信頼度をもたらすでしょう。
　第二に、仕事を得ることは、それ以前にある種の関連した経験を持っていない限り、若い人々にとってとても難しいことです。若い人たちが関連した経験を得る最良の方法は、しばしば無報酬であるインターンシップを通すことです。私はかつて、多くの若者たちは、彼らの父や母から、一緒に働いているかよく知っている旧友への数本の電話の結果として、これらのインターンシップの機会を手に入れる傾向にあると、読んだことがあります。これが本当だとしても、私は驚きません。
　最後に、たとえあなたが同窓ネットワークのメンバーでないとしても、ビジネスのときに広くコネクションを持つことは、やはり絶対に必要です。多くの私の同僚は、ほかの人たちから受け取ったものすごい数の名刺を持っています。より多くの人脈を持てば持つほど、ネットワークを結んで新しい取引を結ぶことができそうです。
　結論として、何を知っているかは大切ですが、もしビジネスで成功したいなら、だれを知っているかということがより重要であることに私は賛成します。たくさんの人を知ることは、仕事への扉を開け、より高いレベルの信頼関係を築き、そして、より良い取引ができるチャンスをもたらします。

ボキャブラリー

☐ provide	[prəváid]	動 提供する	☐ old boy network			同窓グループ
☐ form	[fɔ́ːrm]	動 形成する	☐ educate	[édʒukèit]	動	教育する
☐ extend into		～にわたる	☐ appear to be			～であるように思われる
☐ dominate	[dάmənèit]	動 支配する	☐ former student			卒業生
☐ dealing	[díːliŋ]	名 取引	☐ mutual trust			相互信頼
☐ prior	[práiər]	形 前の	☐ likely	[láikli]	副	たぶん
☐ result in		～の結果になる	☐ degree	[digríː]	名	程度
☐ unless	[ənlés]	接 ～でない限り	☐ previous	[príːviəs]	形	前の
☐ relevant	[réləvənt]	形 関係のある	☐ via	[váiə]	前	～を通じて
☐ internship	[íntəːrnʃìp]	名 実務研修	☐ unpaid	[ʌnpéid]	形	無報酬の
☐ opportunity	[ὰpərtúːnəti]	名 機会	☐ essential	[isénʃəl]	形	必須の
☐ a variety of		さまざまな～	☐ coworker	[kóuwə̀ːrkər]	名	同僚
☐ network	[nétwə̀ːrk]	動 人脈を保つ				

解答例 2

I disagree. I think that what you know is more important than who you know. The reasons are that many positions require specific qualifications, company personnel change quite frequently and people respect knowledge.

To begin, read any job advertisement and you will find a list of requirements that candidates need to meet in order to even be considered for a position. This list might include a university degree in a specific major, a certain score in a language test, or experience of doing a similar job. Why do companies ask for these things? Perhaps the answer is that many firms value knowledge above personal contacts. In all of my years of job seeking, I have never come across a job advertisement that states "successful candidates must know two employees at this company." It seems to me therefore, that skills and knowledge are more in demand and the reason is probably because they lead to a business being successful.

Furthermore, even if we do know a lot of people and have good networks, such is the turnover of staff in many companies that we constantly meet new people on a daily, weekly, monthly or yearly basis. Personnel can change department, offices and firms for a variety of reasons such as promotion, career change or retirement. My father worked in finance and he changed companies or work locations four times throughout his career. In this kind of environment, a successful businessperson will have to rely on their knowledge and experience far more than their network of contacts.

Finally, in my experience, people respect knowledge, ability and experience. We should never be arrogant about our own ability, but we must show that we can deal with problems and incidents calmly and effectively. If a customer comes to me because they feel that I have the know-how to deal with their problem or question, that shows that they likely respect me a great deal for my knowledge.

Ideally, a successful businessperson will have both knowledge and a wide range of contacts and friends but I don't agree that who you know is more important than what you know for the aforementioned reasons.

和訳

　私はこの意見に反対です。だれを知っているかよりも、何を知っているかの方が大切だと私は思います。その理由は、多くの地位は特定の能力が必要なこと、会社の人事はとても頻繁に変わること、そして人々は知識に対して尊敬の念を抱くということです。
　まずはじめに、どんな求人広告も、その職の検討対象となるために応募者が満たさねばならない必

要条件のリストが見つかります。このリストは、大学の特定の専攻科目の学位や語学試験での一定のスコア、もしくは同じような仕事の経験を含むこともあります。会社はなぜこれらを求めるのでしょう。恐らく、多くの会社が、個人的な付き合いよりも知識の方を評価するということがその答えでしょう。私が求職をしていたころずっと、私は一度も「合格者は当社の社員2名を知っていなくてはならない」と述べている求人広告を見つけたことはありません。だから私には、スキルや知識の方が求められており、その理由はおそらくそれらがビジネスを成功に導くからだと思えるのです。

　その上、たとえ我々が多くの人を知っていて、よいネットワークを持っているとしても、多くの会社ではスタッフの離職率が高いために、私たちは毎日、毎週、毎月、もしくは年が変わるたびに新しい人に会います。スタッフは、昇進、転職、退職など様々な理由で、部署、事務所そして会社を変えられます。私の父は金融界で働いていましたが、彼はその経歴全体にわたって、会社や勤務場所を4回変わりました。その種の環境にあっては、成功をおさめるビジネスパーソンは、彼らの人脈よりもはるかに、自分たちの知識や経験に頼らなければならないでしょう。

　最後に、私の経験では、人々は知識や能力、そして経験を尊敬します。私たちは決して、自分自身の能力にあぐらをかいてはいけませんが、問題や出来事に対して、自分が落ち着いて効果的に対応できることを示さなくてはいけません。もし顧客が、私に彼らの問題や質問に対処するノウハウがあると感じているために、私のところに来るならば、それは彼らが私の知識を大いに尊敬するだろうことを示しています。

　理想的を言えば、成功するビジネスパーソンは知識と広い人脈や友人の両方を持つでしょうが、私は前述のような理由から、何を知っているかよりもだれを知っているかの方が重要だということには、賛成できません。

ボキャブラリー

語	発音	品詞	意味
specific	[spisífik]	形	特定の
personnel	[pə̀ːrsənél]	名	職員；人事(部)
requirement	[rikwáiərmənt]	名	必要条件
in order to			〜するため
major	[méidʒər]	名	専攻(科目)
ask for			〜を求める
value	[vǽljuː]	動	評価する
job seeking			求職
state	[stéit]	動	述べる
in demand			需要がある
turnover of staff			職員の離職率
basis	[béisis]	名	基準；基礎
promotion	[prəmóuʃən]	名	昇進
finance	[fínæns]	名	金融
throughout one's career			〜の経歴全体にわたり
network of contacts			人脈
deal with			〜に対応する
effectively	[iféktivli]	副	効果的に
ideally	[aidíːəli]	副	理想的には
contact	[kántækt]	名	接触；付き合い
qualification	[kwὰləfikéiʃən]	名	資格；能力
job advertisement			求人広告
candidate	[kǽndidèit]	名	志願者
university degree			大学の学位
certain	[sə́ːrtn]	形	一定の
firm	[fə́ːrm]		会社
personal contact			個人的な付き合い
come across			〜を見つける
successful candidate			合格者
lead to			〜につながる
constantly	[kánstəntli]	副	いつも
department	[dipáːrtmənt]	名	部署
career change			転職
work location			勤務地
rely on			〜を頼りにする
arrogant	[ǽrəgənt]	形	尊大な
calmly	[káːmli]	副	落ち着いて
know-how	[nóuhàu]	名	ノウハウ
range	[réindʒ]	名	範囲
aforementioned	[əfɔ́ːrmènʃənd]	形	前述の

✓ セルフチェックポイント

	自己判定
ポイント❶ 意見・主張を絞り込めたか。	0 1 2 3 4 5
ポイント❷ その理由をしっかり提示できたか	0 1 2 3 4 5
ポイント❸ 具体例で説得力を増せたか。	0 1 2 3 4 5
ポイント❹ 正しい語彙や構文を使えたか。	0 1 2 3 4 5
ポイント❺ 意見や主張が首尾一貫していたか。	0 1 2 3 4 5

●著者紹介

安河内哲也　Tetsuya Yasukochi
1967年生まれ。東進ビジネススクール・東進ハイスクール講師、言語文化舎代表。帰国子女でも留学経験者でもないが、TOEIC® TESTにおいて、リスニング、リーディング、スピーキング、ライティングでの合計1390点満点取得をはじめ、国連英検特A級、英検1級、通訳案内士など10以上の英語資格を取得。独自のメソッドを詰め込んだ熱い講義は多くの人から絶賛される。著書は『新TOEIC® TEST英文法・語彙スピードマスター』『ゼロからスタート　英文法』『ゼロからスタート　リスニング』『小学英語スーパードリル①②③』(以上、Jリサーチ出版)ほか70冊以上に及ぶ。URLはwww.yasukochi.jp

トニー・クック　Tony Cook
静岡インターナショナル・エア・リゾート専門学校で、TOEIC®テストおよびTOEIC®スピーキングテスト/ライティングテストを指導。University of Exeter卒業。Cambridge CELTAを取得。㈱アルク主催TOEIC®スコアアップ指導者養成講座第7回卒業生。共著『はじめてのTOEIC®テスト スピーキング/ライティング完全攻略』(アルク)、『頂上制覇 TOEIC®テスト スピーキング/ライティング 究極の技術』(研究社)。TOEIC®テスト990点、TOEIC®スピーキングテスト/ライティングテスト200点/200点。

本書へのご意見・ご感想は、下記URLまでお寄せください。 http://www.jresearch.co.jp/kansou	カバーデザイン　滝デザイン事務所 本文デザイン／DTP　株式会社ゼロメガ ナレーション　Carolyn Miller 　　　　　　　Rachel Walzer 　　　　　　　Howard Colefield 編集協力　佐藤誠司

TOEIC®テスト スピーキング／ライティング完全模試

平成26年(2014年)5月10日　初版第1刷発行
平成30年(2018年)6月10日　　　第2刷発行

著　者	安河内哲也／トニー・クック
発行人	福田富与
発行所	有限会社　Jリサーチ出版 〒166-0002　東京都杉並区高円寺北2-29-14-705 電話 03(6808)8801代　FAX 03(5364)5310代 編集部 03(6808)8806 http://www.jresearch.co.jp
印刷所	㈱シナノ パブリッシング プレス

ISBN978-4-86392-186-3　禁無断転載。なお、乱丁・落丁本はおとりかえいたします。
© 2014 Tetsuya Yasukochi, Tony Cook, All rights reserved.

TOEIC® TEST スピードマスターシリーズ

新形式L&Rテスト完全対応

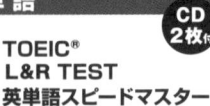

単語

TOEIC® L&R TEST 英単語スピードマスター
CD2枚付
成重 寿[著] 本体1400円+税

新形式L&RテストのTOEICに必ず出る高得点3,000語を収録。入門から高得点ねらいまでこの1冊でOK。すべての英語例文をCD2枚に収録。見出し語の発音と意味は無料音声ダウンロード。

総合

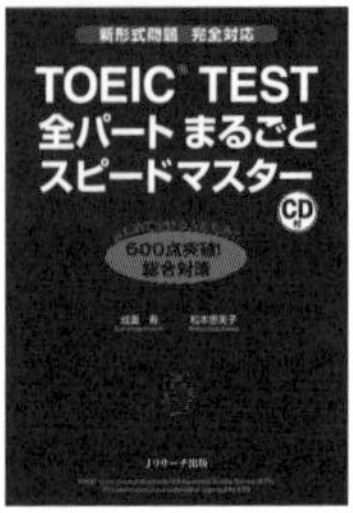

TOEIC® TEST 全パートまるごとスピードマスター
CD付
成重 寿, 松本 恵美子[共著]
本体1400円+税

ビギナーでも600点を突破できるノウハウが満載。見やすいビジュアル解説で解法テクニックがしっかり身につく！ ハーフ模試100問+【別冊】直前対策チェックブック付。

英文法

TOEIC® TEST 英文法スピードマスター NEW EDITION
成重 寿[著] 本体1300円+税

Part5と6をすばやく正確に攻略できるようになるTOEIC英文法対策書の決定版。10日間の学習メニューで構成。

リスニング

TOEIC® TEST リスニングスピードマスター NEW EDITION
CD2枚付
松本 恵美子[著] 本体1400円+税

「映像化メソッド」をはじめ24の解法でリスニング・セクションを完全攻略。13日間の短期集中学習でリスニング問題が得意分野に。模試100問（リスニング・セクション1回分）付。

リーディング

TOEIC® TEST リーディングスピードマスター NEW EDITION
成重 寿[著] 本体1400円+税

最難関Part7を9日間で最短マスター。600点・730点・860点のスコア別の目標時間を設定して、解答練習ができる。Part7に必要なすべてが効率的に身につく1冊。

模試

スコア600点超をめざす人のための TOEIC® L&Rテスト 完全模試600
CD付+無料音声DL
柴山かつの, Paul Drey, 松本恵美子, 成重 寿[著]　本体900円+税

目標スコア別、1回分完全模試シリーズ全3巻。本番の試験によく出る問題ばかり。とことん学習のしやすさにこだわった解説。
<目標スコア>
●730点（本体1000円）
●900点（本体1200円）

学習法+模試1回分付

7日間でできる3ステップドリル TOEIC® L&Rテスト 必ず☆でる問題 学習スタートブック
CD付+無料音声DL
野村和也, 本田美邦里, 加藤 優, ブラッド・トール, ポール・マッコネル[著] 本体900円+税

はじめての受験で600点をめざす。TOEIC指導全国最優秀校エッセンスイングリッシュスクール・超豪華満点講師陣が総力をあげて、各Partの攻略法から必ず役立つテクニックまで解説。模試1回分つき。

TOEIC® テスト 学習スタートブック 全パート試験にでるトコ編
CD付+無料音声DL
長田いづみ, 冨田三穂, 成重寿, テッド寺倉, 大里秀介[著]　本体800円+税

パート別の攻略法と練習問題+模擬試験1回分。専門講師がとことんこだわった問題とでるトコ目線の解説で、確実に600点をとる実力を身につける。

全国書店にて好評発売中！
商品の詳細はホームページを｜Jリサーチ出版｜検索

TOEIC is a registered trademark of Educational Testing Service (ETS).

Jリサーチ出版